北京大学
理论名家大讲堂

第 二 辑

程美东◎主编

人民出版社

责任编辑：刘智宏　苏向平　曹　利
封面设计：林芝玉
责任校对：吕　飞

图书在版编目（CIP）数据

北京大学理论名家大讲堂 . 第二辑 / 程美东主编 . —北京：人民出版社，2022.7
ISBN 978－7－01－024664－2

Ⅰ . ①北…　Ⅱ . ①程…　Ⅲ . ①国情教育—中国—文集　Ⅳ . ① D643－53

中国版本图书馆 CIP 数据核字（2022）第 051752 号

北京大学理论名家大讲堂

BEIJING DAXUE LILUN MINGJIA DAJIANGTANG

第二辑

程美东　主编

人民出版社 出版发行
（100706　北京市东城区隆福寺街 99 号）

北京盛通印刷股份有限公司印刷　新华书店经销

2022 年 7 月第 1 版　2022 年 7 月北京第 1 次印刷
开本：710 毫米 × 1000 毫米 1/16　印张：10.5
字数：149 千字

ISBN 978－7－01－024664－2　定价：46.00 元

邮购地址 100706　北京市东城区隆福寺街 99 号
人民东方图书销售中心　电话（010）65250042　65289539

目　录
CONTENTS

全面从严治党为什么能取得实效 谢春涛 /001

精彩片段　正是因为我们党在从严治党方面采取了这些举措，才有了现在这个非常好的局面。我曾经作出一个评价——中国共产党已经走出了一条成功治党的新路。虽然毛泽东时期治党也很成功，但是在市场经济环境下，在全方位开放情况下，如果把毛泽东时期的某些具体办法拿到现在，就不一定那么有用了。要根据新情况，拿出新办法，走出新路来。我觉得党的十八大以来，以习近平同志为核心的党中央走出了新路，而且走成功了。

网络如何强国 任贤良 /030

精彩片段　有人说，中国网络管理这么严格，又开世界互联网大会，跟互联网倡导的自由怎么去统一？我说，我们中国走出了一条自己的治网之道。在互联网上，我们要允许、鼓励信息充分自由地流动，但要有序地流动，我们讲究秩序之美。近些年来，中国网民之多、网站之多、互联网和数字经济发展之快，说明我们把这两者很好地协调起来了，走的这条道路是行得通的，有我们的成功之处。

中国的法治道路怎么走

精彩片段 我跟外国朋友、外国的法治部门的领导人讲，中国搞法治不是搞给你们看的，不是为了博得你们的掌声，我们是实实在在地搞法治建设。所以，中国共产党选择法治这条道路，是历史的选择、人民的选择。

新中国 70 多年中国共产党实现了 哪些理论创新

精彩片段 新中国成立70多年来，中国共产党带领全国人民完成了社会主义改造，开展了社会主义建设，实行了改革开放，坚持不懈地推进社会主义现代化建设。在这个过程中发挥了社会主义制度的优越性。从提出工业化到提出"四个现代化"，从中国式的现代化和小康社会到提出基本实现现代化和建设社会主义现代化强国，不断朝着中华民族伟大复兴的目标迈进。70 多年如一日，朝着一个目标不懈地努力，这是别的国家做不到的，体现了社会主义制度的优越性。

北大人的初心使命

精彩片段 我们现在经常讲，基础学科必须搞好基础理论研究，应用学科必须和国家发展战略需要相结合。但是，现在我们有很多研究以发表论文为目的，偏离问题导向，距离国家战略需求还是比较远的，或者至少不那么贴近国家战略需求。而老一代科学家们起心动念都在聚焦国家需要什么，而不是怎么更快发表论文去评教授、评院士。

精彩片段 和库兹涅茨曲线一致，随着经济的发展和人均 GDP 的上升，环境污染开始是上升的，但是到达一定阶段以后会下降，这时就会出现一个峰值和拐点。在发达国家，这个峰值和拐点基本上是人均 GDP 2 万—3 万美元，而在一些新兴国家，像韩国，这个峰值大致是在 5000—20000 美元。

前　言

2015年夏季，北京市教工委委托我牵头的"程美东名师工作室"来举办"北京高校理论名师大讲堂"。同时，学院让我担任全校本科生"形势与政策"课的主持人。我当时在学院班子不负责本科教学，所以一开始不愿意接手这项工作。在几番推辞不得后，向有关领导汇报并得到许可后，决定将这两项任务合在一起。

从2015年10月到2019年12月，北京大学"形势与政策"课除了中班授课外，专门在北京大学百周年纪念讲堂举办了23次形势与政策报告会，延请有理论造诣的党政领导干部和知名专家讲授党和国家重大方针政策，拓宽学生视野。先后授课的有中共中央统战部原党组成员朱晓明同志，国务院发展研究中心原副主任刘世锦同志，财政部财政科学研究院院长刘尚希同志，时任国家行政学院经济学教研部主任张占斌教授，河北省委原书记叶连松同志，北京大学王缉思教授、林毅夫教授，复旦大学张维为教授，国防大学孙科佳少将，军事科学院罗援少将，最高人民检察院原副检察长徐显明同志，时任广东省委宣传部部长傅华同志，时任外交部非洲司司长戴兵同志，外交部西亚北非司司长王镝同志，时任商务部西亚非洲司司长江伟同志，故宫博物院原院长单霁翔同志，生态环境部环境规划院院长王金南院士，中共中央党校（国家行政学院）副校（院）长谢春涛教授，原中共中央党史研究室副主任冯俊教授，北京大学党委常务副书记于鸿君教授，中国宏观经济研究院院长王昌林研究员等；讲座内容涉及经济、文化、国防、外交、党的建设等领域的最新形势和政策。大报告的授课效果很好。学生在有限的时间内，收获了不同专家学者的最新研究成果，尤其是深刻理解了习近平新时代中国特色社会主义思想，更加坚定了对于中国道路、中国理论、中国制度、中国文化的自信。学生们普遍反映，形势与政策报告会用有力的论据对党和国家的大政方针进行分析，深入挖掘其背后的思想理论基础，用深刻的思想理论说服人，有利于引导学生端正"三观"。每次报告会都有北京市其他高校的师生积极参加，甚至一票难求，有效传播了正能量，扩大了北京大学思想政治理论课在社会上的影响，对于首都大学生的思想政治教育起到了积极的引领作用。

2019年5月2日，《中国教育报》以《解答心中困惑 展望新时代美景——北京大学"形势与政策"大报告纪略》为题，对此进行了介绍。其他媒体也纷纷报道，使得这个系列报告在全国思想政治教育界产生了很大影响。

坦率地说，一开始我是为了完成领导交付的任务，被动地承担这个报告的组织任务的，因为我知道，组织这个报告很不容易：其一，请合适的专家不容易。其二，大讲堂时间、学生时间、专家时间一致不容易。使用大讲堂，一般提前半年就得预定；只有在周六日，才能做到学生都有空；而所请的专家，几乎每个人都是工作繁忙，日程安排非常紧凑，找到合适的空档时间很不容易。其三，安全保卫不容易。每次报告都得向学校保卫部报批，北京市教工委每次安排的12所学校的师生分别乘坐12辆大巴车进校，我们都得点对点、人对人地对接。现场秩序的维护、安全维护都是大问题。

但万幸的是，在四年时间里举行的这23次报告会，总体是很成功的，不仅多数聆听报告的学生满意，而且每次报告会都做到了安全无误，没有发生任何事故和意外——这是我最担心的事。这个系列报告结束后，我个人感觉我的付出非常值得：很多报告及时地帮助了北京大学学生了解党和国家的形势与政策，很多报告都得到了学生的好评！

在这里，我要特别感谢和我一起合作的王成英老师，这门课其实是我们俩共同主持的。王老师不仅承担小班授课的组织和教学任务，还承担大报告的一些具体组织工作。每次报告会组织有序、安检严格，她都付出了很多心血。

还要特别感谢承担本课程助教任务的诸多同学，他们认真细致、富有朝气的工作有效地保证了报告会安全有序地举行！感谢北京大学马克思主义学院原磊老师、姚苏薇老师等教务人员给讲座提供的周到服务！感谢北京大学党委宣传部、保卫部、教务部、计算中心的有关老师，感谢担任学院教学督导的江长仁教授、林娅教授对于报告会的鼓励、支持和提出的宝贵建议，感谢时任北京大学马克思主义学院党委书记的孙蚌珠教授、负责本科教学的马克思主义学院副院长宇文利教授对于报告会的支持！

这里也要特别感谢人民出版社的刘智宏女士。由于本书是在报告会录音的基础上整理而成，编辑工作难度较大。正是由于她的大力支持，以及她和她的团队加班加点地工作，本书才得以在人民出版社以较快的速度面世。

当然，最要感谢的是各篇报告的主讲专家！他们以自己丰富的知识、开阔的视野、深刻的思想，深入讲解了新时代有关理论和实践问题，给北大学生和首都大学生及时地解疑释惑，为这些年轻人准确地了解中国和世界发展的现状和趋势、确定科学的人生发展方向提供了有效的思想指导。现在，其中的部分报告由人民出版社公开出版，一定可以使更多的读者受益。虽然这些报告的成稿时间先后不一，但是其思想都恰当其时，某些具体信息作为"刚刚过去的历史"，对今天的读者仍有启迪意义。

感慨良多，陈言难尽。如有遗漏、不周之处，敬请各方宽谅！

程美东

2021 年 9 月 16 日于北京大学

全面从严治党为什么能取得实效

谢春涛

教授，党史专家，中国共产党第十九届中央委员会候补委员。25岁博士毕业，中共党史专业第二批博士。历任中共中央党校党史教研部副主任、主任，报刊社社长兼总编辑，中央党校校委委员、教务部主任，中央党校（国家行政学院）副校（院）长。现为中央党校（国家行政学院）分管日常工作的副校（院）长。被中央宣传部确定为全国宣传思想工作"四个一批"人才，入选国家"万人计划"第一批哲学社会科学领军人才。

很高兴跟大家谈一谈我的学习和研究体会。党的十八大以来，党的建设是成就最突出的领域之一，我想跟大家探讨一下这个成就是怎么取得的。

习近平总书记2014年10月8日在党的群众路线教育实践活动总结大会上的讲话中指出，对各级党委而言，党的建设是最重要的政绩，"如果我们党弱了、散了、垮了，其他政绩又有什么意义呢？"所以，他对党的建设非常重视。总书记为什么这么重视党的建设？在我看来就两条：第一条，他看清楚了党的领导的极端重要性。党的十八大以来，习近平总书记提出"四个全面"战略布局，全面从严治党排在第四，但是新加坡学者郑永年将全面从严治党的重要性排在第一，因为如果全面从严治党做不好，其他三个"全面"就无从谈起。中国共产党是中国唯一的执政党，这个国家的事情要靠这个党推动和领导。如果这个党不是坚强有力的，那么各方面的事恐怕也都不可能干得好。第二条，他看清楚了党的建设中存在的问题的严重性。党的十八大之前，党的建设存在不少问题，比如"四风"问题、腐败问题。习近平总书记曾经说过他忧心忡忡，像我这样的人也是忧心忡忡。党的十八大之前，我在浙江省金华市挂职副市长，薄熙来的事情刚出来的时候，很多同志在一起议论，大家都担心党的十八大还能不能准时开，还能不能选出让党和人民信赖的领导集体。那段时间，一度谣言满天飞，比如党的十八大到底是选九个常委还是七个常委，分别是谁，我记得当时通过手机短信一天能看到好几个版本。

对党的建设存在的问题，习近平总书记了解的肯定比我们多得多，他知道的问题比我们知道的要严重得多。现在我们大家都清楚，比如有些人贪污腐败，数额巨大，巨大到好多人都想象不到。这些问题如果长时间解决不了、解决不好，甚至再发展下去，对这个党和国家意味着什么？我们都能想得出来。

党的十八大之后，习近平总书记刚上任就提出要抓党的建设。他关于党的建设的讲话很多，干的事情也很多，效果超出了很多人的预想，我也没想到效果会有现在这么好。下面，我从六个方面讲一讲习近平总书记怎么抓党的建设。

/ 一 /

第一个举措：抓作风。党的十八大是 2012 年 11 月 15 日结束的，八项规定 12 月 4 日就颁布了。这说明，八项规定的起草在党的十八大之前就已经开始了，否则怎么可能在那么短的时间内就能拿出来呢？习近平总书记抓全面从严治党是从抓作风开局的，先抓"四风"问题，即形式主义、官僚主义、享乐主义、奢靡之风。八项规定刚颁布的时候，我注意到，有的人不太当回事，在他们看来，抓作风过去不是没抓过，过去不是一直强调抓作风吗，但是效果远不能令人满意，这次就能解决问题吗？也不一定，有的人在等待观望。一个小故事令我至今印象深刻：大概是 2013 年的春节前夕，八项规定颁布不久，有一个年轻记者给我打电话，要采访我。我说你关注什么问题呢？她说她注意到八项规定颁布之后一段时间，街头收奢侈品的小贩生意不如过去好了。估计大家过去在街头总能看到高价回收名烟、名酒、虫草等的小贩。从哪儿收呢？明摆着从贪官那儿收，因为贪官家里奢侈品多，又用不了，就卖给小贩。那一段时间，小贩的生意不太好。这个记者是一个有心人，就问小贩："你觉得你生意不好的状况会持续多久？"这个小贩毫不犹豫地回答："风头一过，生意照样好。"这个记者问我觉得小贩的判断准不准。我说，我希望他的判断不准，他的判断如果要准了，中国共产党的麻烦就大了；如果这次八项规定都不管用，那么以后恐怕说什么都没人信了。我相信小贩的生意以后好不了，因为我对习近平总书记还是有一些了解的，他兼任过五年的中央党校校长，他在校长任期内怎么说的、怎么干的，我们是知道的。我在浙江挂过职，对他又多了几分了解，因为他在浙江做过省长、省委书记，在浙江的口碑非常好。我在挂职期间，同事们经常跟我讲习近平总书记是怎么做的。比如我所在的金华市有一个浦江县，浦江县是一个信访大县，信访的事情多得、难得不得了。当时他变上访为下访，对此，好多同志都跟我津津乐道。所以，我相信抓作风他是动真格的，一定能抓出成效、抓出眉目来。

现在想一想，尽管当年我对习近平总书记抓作风有信心，但是后来的实际效果远远超出了我当年的预想。现在不是有同志评价嘛，八项规定改变了中国。这个说法一点儿都不夸张，就是改变了中国。比如，公款吃喝的问题，在党的十八大之前，党中央、国务院发文制止公款大吃大喝，但是几十个文件管不住一张嘴。党的十八大之前，很多同志都觉得这个事情没救了，好像没办法了。公款大吃大喝，有的一桌饭上万元，甚至好几万元；还有喝酒喝死人的。这些信息在互联网上不断发酵，会严重影响党群关系和党的形象。党的十八大之前，中央党校出过一次丑闻：县委书记班的两个学员在外面跟老板吃饭，就在离中央党校不远的一个饭馆，一顿饭吃了 8.8 万元，人家把菜单、账单在网上晒了出来。为什么花了那么多钱呢？15 年的茅台喝了 5 瓶——15 年的茅台一瓶就上万元，还吃了娃娃鱼，临走的时候一人还拎了一盒广式月饼。老百姓看到这样的消息会作何感想？低收入的人一年也挣不了 8.8 万元，这帮人一顿就吃了，而且是公款。对于这件事，当年处理的力度很大。但是类似这样的公款吃喝，当年不仅没有完全解决，而且还不断地出现。但是，现在的情况完全不一样了，现在谁还敢这么吃？不敢了。如果有人这么吃，或者哪怕吃的比这个少得多，也一定会付出他不愿意付、不想付的代价。记得几年前，我曾经到地方讲课，当地接待我，属于正常的公务接待，一点儿都不铺张，但是决不敢把公务车停在那儿，因为公务车停在饭馆那儿就有公款吃喝的嫌疑，被谁拍了照发到网上去就狼狈了，因为不见得能说清楚。现在公款吃喝的问题不敢说完全解决了，但是已经在相当程度上遏制住了。

习近平总书记为什么能够抓出成效来？他在 2014 年自己作过解释说明，我觉得他讲的这几条是有道理的。

第一，抓重点。作风问题表现在很多方面，"四风"是一种表现，还有别的表现。但是在他看来，"四风"最厉害、危害最大，要先解决"四风"问题，尤其是享乐主义、奢靡之风。现在看，这个重点肯定抓对了，抓这些肯定是得人心的。

第二，领导带头，中央政治局带头，习近平总书记本人带头。我在这儿顺便澄清一个事情，有的同志似是而非地说某某因为违反八项规定受处理了，这个说法是不准确的。因为八项规定是中央政治局为自己制定的。当然，在这之后，根据八项规定精神制定了一系列相关规定，一般干部违反的应该是八项规定的精神，或者说根据八项规定精神制定的其他具体规定，直接违反八项规定本身，一般干部还没有资格。在执行八项规定方面，中央政治局、习近平总书记确实带头了。习近平总书记要求别人做到的事，自己首先做到了；要求别人不做的事，自己坚决不做。党的十八大之后，他出行轻车简从，到地方去考察吃的什么饭，我们从媒体上都能知道，并且吃饭自己交钱。这就带了个好头。我在地方挂职的时候深有体会，公款吃喝往往招待的是上面来的领导。如果不热情接待，没准就得罪了领导，哪怕上面来的人级别不是很高，但是他是上级机关派来的，就得好好招待。但是如果上面的领导不接受、不参加公款摆盛宴，那就没有人愿意弄这事。我挂职的时候经常参加公务接待，就怕喝酒，因为喝多了难受。有一次，我接待一个领导，我问："喝点儿什么？"他说："咱们喝点儿豆浆行不行？"我说："好，你喝豆浆我们也喝豆浆，没有压力。"公款吃喝往往跟上面的人有关，所以一定得从上面往下抓才管用，从下面往上抓一定不管用，除了得罪人之外没有别的效果。

第三，要有具体的规定来抓。比如哪些事能干，哪些事不能干，要有明确具体可操作的规定，不能笼而统之，不能光讲大道理。党的十八大之前，一般性的要求、号召、倡导比较多，具体规定少一些。比如要怎么怎么样、必须怎么怎么样、应该怎么怎么样、几个坚持几个反对，这种话说得很多，道理都对，但是不太管用，因为不好操作。比如反对公款大吃大喝，道理肯定是对的，问题是什么叫大吃大喝，什么不叫大吃大喝呢？在北京，公务接待花几百元钱，没几个人觉得是大吃大喝，但是在经济欠发达地区，要是花几百块钱吃顿饭，就会觉得不得了了。所以，要定出具体的规定来。党的十八大以来，出了很多具体的规定。比如，什么样的情况能接待？得正式出差，有公函，只招待一次，就一顿饭。比如同城不允许接待，因为在同一个城市，离得很近，办完事回自己单位或自己家吃饭去，不存在接待的问题。程院长邀请我中午在这儿吃饭，我说不吃，我要是在这儿吃饭就有违规之嫌，因为中央党校离北大很近，我要是在北大吃饭，就不合规矩了。我请人来中央党校讲课，有时候过了12点，想请他在我们食堂吃顿自助餐，但是他不吃，再晚也要回去，说是跟食堂说了给留饭，我也就不好强留人家。有的领导来讲课，有时实在是太晚了，回去肯定没饭了，就在我们食堂吃顿饭，但是他不仅把自己的饭钱交了，司机、秘书的饭钱也一起交了。再比如，规定什么人出差可以坐公务舱、经济舱、商务座、一等座、二等座；什么人住套间，什么人住标间；什么人能配秘书，什么人不能配秘书；什么人能坐专车，什么人不能坐专车；办公室的面积，不同级别大概要多大，都规定得很具体。对于这样的规定，就没有人说"我理解不了，我不好把握"，因为不存在这个问题。党的十八大之后，我到一个央企讲课，我和它的董事长很熟悉，他跟我说，他现在压力很大。我还以为是经营压力，他说不是，是因为他的办公室严重超标，想着怎么解决这个问题。他说如果在规定的时间内不解决，那肯定首先拿他是问。

第四，规定对任何人都不例外。既然是规定，那就要执行。如果定了规定不执行，那还不如没有的好。习近平总书记讲，不能说一般怎么怎么样，有一般不就有二般吗，二般就不管用了，应该把"一般"改成"一律"。所以，党的十八大以来，在执行八项规定精神这方面，没有所谓的法不责众，违反了就要付出代价。八项规定颁布之初，有的人真把相关规定不当回事，觉得吃顿饭有什么了不起，过去不是老吃吗？出差到风景旅游区兜一圈有什么了不起？出国看几个风景点有什么了不起？好不容易出来一趟。中秋节发盒月饼，也是人之常情。但是，这些人很快就后悔了，因为很多人因为违反八项规定精神被处理了，到现在已经有几十万人了。有的人是受了比较轻的处分，比如警告、通报、记过；还有的人直接被免职了。对领导干部而言，职务来得不容易，甚至可能干了几十年，有的人快退休了，结果因为一顿饭、一盒月饼，职务就没了，而且还丢人，这个代价太大了，他一定很后悔。2017年，我去了一个省，省纪委书记跟我说，他们执行八项规定精神很严，一个巡视组都被他们处理了。我说："巡视组犯了什么事？巡视组是巡视别人的，应该比别人更懂规矩。"他说："理论上是，但是他们还是违规了。"他们到一个地方巡视完要走了，但是走之前有的人说，这个地方有一个全国闻名的景点还没去过呢，要是走了就太遗憾了。他们知道不能公款旅游，想着自己掏钱就没问题了，后来就自己掏钱买票去了，但是还是被人举报了。因为门票的钱确实是他们自己掏的，但是那个景点离城区比较远，是公家的车送他们过去的。本来巡视的事结束了就应该回去了，但他们没有及时回去，多住了一个晚上，住宿费也是公家报销的，所以最后被处理了。这些人受了处分心服口服，因为这个道理讲得通。

八项规定真是起了大作用了。过去很多同志觉得没法解决的难题，现在都解决了。再举一个中央党校的例子。党的十八大之前，制止学员到外面参加公款吃喝最有效的办法就是检查食堂刷卡次数。周末可以出去，不在食堂刷卡，这个没问题。但是学习日都必须在食堂刷卡，如果有若干次没刷卡，就要解释干什么去了，是不是出去吃饭去了。我们当时只能用这个办法。这在理论上似乎很有用，也很科学，但是还是管不住所有人。比如有的人出去吃晚饭，五点半食堂一开门就有人去刷卡，吃一点儿水果、喝一点儿酸奶就走了，然后再到外面吃饭也来得及。这样我们就没法知道，但也没有更好的办法制止。但是现在这种情况基本不存在了。一方面纪律管得很严；另一方面，如果参加了公款宴请，哪怕吃的时候没事，也报销了，但是指不定哪天就被人查出来了。比如巡视组巡视宴请单位时，会把公款接待的单子找出来，会详细询问这顿饭招待谁了，为什么花那么多钱，为什么超标准。如果招待没有理由，又是大吃大喝，哪怕报销了，哪怕几年之后，照样会被严肃处理。包括有人利用出国的机会去景点游玩，也会被严肃处理，因为出国要有计划、日程，去了什么地方都可以查得很清楚。我记得有一次，一个单位的领导跟我说，他们单位有人出国就遇到了这个问题。后来这个人辩解道，大家出国都这样。巡视组的同志就讲："你说除了你之外还有谁这样？你如果掌握就告诉我，我们也去追究他的责任。"所以，八项规定真是使奢靡之风、享乐主义得到了很大程度的遏制。当然，形式主义、官僚主义的问题，我们远不敢说解决了，纠正这两风要比那两风难一些。比如形式主义，有内容就有形式，形式过分了就是形式主义，这个度有时候不好把握。再比如官僚主义，古往今来，有官僚就有官僚主义，让它完全绝迹恐怕很难。实际上，中央下了很大力气整治，这两风已经得到了相当程度的遏制。

/ 二 /

第二个举措：反腐败。这个举措差不多跟抓作风同时开始。党的十八大之后第一个落马的"大老虎"是四川省委原副书记、成都市委原书记李春城，他是十八届中央委员会的候补委员，刚当选没多久就落马了。当时，这么一个有身份的人落马，震动是不小的。后来一个接一个，甚至有的人级别比他还高，正部级的，包括副国级的都有了。中纪委的网站是党的十八大以后办起来的，我对这个网站比较了解，跟他们交往也比较多。这个网站可以说是官方网站里影响力最大的一个，因为它不断地公布"大老虎"落马的消息。"大老虎"落马的消息首先是由这个网站公布出来的，包括新华社这些权威媒体都得从它那儿得到消息，新华社不是首发。这个网站有时是早晨公布消息，有时是上班时间公布消息，有时是快下班的时候公布消息，有时是晚上公布消息，还有时是周末公布消息，没什么规律。媒体人想找规律，找了半天发现找不着。我就问中纪委网站的同志，我说："你们公布这个消息有什么规定时间吗？"他说：

"没有，我们随时准备，领导让我们什么时候公布我们就什么时候公布。"一般来讲，人带到北京了就可以公布了。比如外地的某一个人，坐飞机也好，坐高铁也好，只要被带到北京了，那就可以发消息了。所以，好多媒体专门派人盯着中纪委的网站，第一时间得到消息后马上在自己的媒体上发，否则落到后头就很别扭。中纪委的网站因为这个火了，受关注度极高。

党的十八大以来，中央查处省军级以上干部和其他中管干部500多人，从党的十八大到十九大查处440人，党的十九大以来又查处了70多人。现职的中管干部才2000多人，不到3000人，我说的查处500多人包括退休以后的干部，所以数量相当惊人。中管干部就是中央管理的干部，也就是通常所说的省部级干部。当然，从严格意义上讲，不是所有中管干部都是省部级干部。比如不叫总局的那种国家局，是副部级的机构，它的正职是副部级，它的副职则是正局级，但是都属于中管干部。所以，国家局的这些副局长其实很重要。又比如，中央管理的企业的班子成员，如国家电网、中国移动、中国电信等，它们的副职也是中管干部，其实也很重要。中管金融企业也是如此，比如被称为"宇宙第一大行"的中国工商银行，它的副职也是中管干部。

从级别上看，这些人中副部级、正部级、副国级都有。有几个级别很高的，如薄熙来、郭伯雄、徐才厚、孙政才、周永康。过去没有哪个时期查处过这么多级别高的领导干部。另外，落马人员不仅数量多，而且处理得也重。绝大多数人都被开除党籍、开除公职并移交司法机关，判无期徒刑的有，判终身监禁的有，还有被判处死刑的。白恩培就是第一个被判处终身监禁的人，这就意味着不能减刑，要一直待在监狱，直至死亡。内蒙古自治区政协原副主席赵黎平是第一个被判处死刑的。还有几十个人被所谓"断崖式降级"，他们受到了党纪政纪处分，但没有被移交司法机关。处理的力度也不小，有的从省部级降到了厅局级，有的降到了县处级，有的降到了科级，有一个降到了科员，还有的被开除了公职，取消了退休待遇。

著名历史题材作家二月河先生已不幸辞世。党的十九大召开的时候，我跟他接触过。二月河先生熟读历史，他有这样一个判断：读遍二十四史，历朝历代，没有哪个朝代反腐的力度超过今天。这样的话，他在不同场合说过几次，包括在十九大代表通道上。他这个判断是纵向比较得出来的。还有人从横向进行比较，也是很有说服力的。2017年底，我们举办了"中国共产党与世界政党高层对话会"，我参加了这个对话会，除了参加大会听习近平总书记讲话之外，主要参加了党建方面的对话。我作了一个发言，讲中国共产党是如何培养干部、选拔干部的。但是那个单元里也有人谈反腐败这个话题，我印象很深，有两位外国政党的领导人谈了这方面的感受，他们都来自发展中国家。这两位就特别敬佩中国共产党在反腐败方面取得的成绩，他们说他们就完全做不了，甚至他们的国家、他们的党陷入了恶性循环。怎么恶性循环呢？要想从政，先得腐败。要当议员就得有竞选经费，竞选经费通过找企业化缘、帮企业办事得来，否则企业是不会给钱的，所以先得腐败。当上了自己想当的职务之后，得进一步腐败：企业给的钱不是白给的，是要有回报的。当官或当议员之后要酬谢企业，要为企业办更多的事。他们觉得，他们在这个怪圈里跳不出来了，恶性循环，越循环越严重。然而，有这样循环的决不仅仅是这两个国家，也决不仅仅是发展中国家，发达国家往往也是如此。对那个单元我印象很深，点评的是北大的潘维教授。那天，潘教授点评得非常有水平，虽然时间很短，就五分钟，但是点评到了点子上。他大致的意思是，反腐败说容易很容易，说难也很难；反腐败的人自身得干净，不能腐败，所以才有底气、有能力反腐败。他认为十八大之后中国共产党反腐败就能做到，就能做成。但如果自身腐败，自身不干净，就不敢反腐败，就没有能力反腐败。他说的时候，一些外国政党的负责人频频点头。现在，中国共产党反腐败确实效果很好，已经取得了压倒性态势，并正在巩固之中，但还没有取得压倒性胜利，而且这个压倒性态势来得也不容易，是几年之后才作出的判断。中纪委的全会基本上每年开一次，习近平总书记每一次都在全会上发表讲话，每一次讲话都要回顾总结过去一年这方面的成绩，并对下一个年度的工作提出要求。我注意到，每一次他的讲话里都有对反腐败形势的估量，一开始绝没有说取得压倒性态势。前几年讲，反腐败斗争形势依然严峻复杂、依然处在胶着状态；花了几年时间，他才作出了反腐败斗争取得压倒性态势的判断，真的不容易。

我刚才举例的那几个人不仅位高权重，而且很狡猾，他们搞腐败的时候已经想着怎么应对以后中纪委和最高人民检察院可能的调查了，犯罪手法很"高明"。被调查时，好多人还在领导岗位上。有些人勾结成小集团，官官相护。我记得 2014 年春节，我去看望一位我的老领导，一个老太太，退下来好多年了。她一个劲儿地跟我讲，她很担心，为习近平总书记担心。她说反腐败不容易，她担心能不能把有些腐败分子反下来、会不会出风险。这个担心是可以理解的。我的这位老领导肯定是希望习近平总书记反腐败反出好效果。我就宽慰老领导，我说我不担心，尽管我知道这件事很难，但是我相信在习近平总书记领导下，我们一定能够取得反腐败斗争的彻底胜利。

反腐败之初，网上有人说，反腐败，好多省份已经出了"大老虎"，但是有两个省没出。说这个话的时候，有两个省确实没出"大老虎"，就是福建省和浙江省。这话什么意思很清楚：习近平总书记在这两个省工作过很长一段时间；在没工作的地方大力度反腐，而在工作过的地方却没出"大老虎"。这话刚说出时间不长，浙江省就揪出了"大老虎"——浙江省委原常委、组织部原部长，他是习近平总书记担任浙江省委书记期间的组织部长，一起共事过好几年，但该反还得反。反腐败的案件，在尘埃落定之前，往往民间会有很多传闻。我记得关于郭伯雄、徐才厚就有很多传闻，早就传这两人有问题，但是靴子总不落地。有一年春节，习近平总书记看望军队老干部，徐才厚也在场。有人问我：徐才厚是不是平安着陆了？习近平总书记看望老干部他都在场，是不是没事了？我说我不知道有事没事，可能时间没到吧。果然没多久，徐才厚落马了。郭伯雄也是。又是春节前中央领导看望退下来的老领导，这次电视上没见着他，但是新华社公布的名单里有郭伯雄。有人又问郭伯雄是不是平安着陆了，我说恐怕很难说，因为有徐才厚的事例在先。果然没过多久，郭伯雄也落马了。党的十八大以来，反腐败真正体现了全覆盖、无禁区、零容忍。现在不敢说所有的腐败分子都被查出来了，一定有还没被发现、没被查出来的，谁也不敢保证腐败分子已经被清理得干干净净。但是我们敢说，以中央反腐败的决心，发现一个查处一个，这是毫无疑问的。

为了反腐败，我们的纪检体制还作了一些改动和调整。

一是过去反腐败的效果没有现在好，跟我们的体制机制有关系。比如1982年的时候，十二大党章确定纪委是双重领导体制，一方面受同级党委领导，另一方面受上级纪委领导。但是党的十八大之前，上级纪委的领导并没有落到实处，而同级党委领导则落到了实处，这就是弊端。比如，某一个市的市纪委书记发现有的领导干部腐败，他要向市委书记报告，市委书记组织开常委会决定立案，市纪委书记才能查。过去有的市委书记没准连常委会都不开，也不研究就会劝说："算了吧，在这儿工作时间都不会长，如果咱们市里弄出一个甚至若干个大腐败分子来，对我不好，恐怕对你也没什么好处吧，睁一只眼闭一只眼算了吧。"如果市委书记是这个态度，市纪委书记能怎么办呢？还能查得下去吗？往往就不了了之。但是党的十八大之后，双重领导体制被真正落实了，明确规定对领导干部的监督以上级纪委为主。比如市纪委书记要监督市委书记，这个监督就不方便；当然，也不是不可以监督，发现问题不要向他本人报告，要向上级纪委报告，上级纪委监督他还有问题吗？毫无问题。案件查办以上级纪委为主，事情就好办了。所以，双重领导体制发挥了很大的作用。

二是向中央机关全面派驻了纪检组。过去，有的中央机关有内设的纪检机构，但是是这个单位的，纪委书记、纪检组长也是这个单位的，虽然有机构、有职能、有工作人员，但监督的效果不好。比如，如果我是这个单位的纪委书记，或者机关的纪委书记，那我就知道我在这个位置上时间不会长，没准干几年就会给我调到别的位置上。我还想升官呢，如果在纪委书记这个位置上我敢担当，那就得得罪人。人都让你得罪光了，以后再选拔、提拔干部，谁还推荐你？谁还投你的票？所以很容易让从事纪检工作的同志有大事化小、小事化了的心态，如果不是上级非逼着处理某件事、某个人，就这么过去了。所以，虽然有机构、有人员，但是监督效果不好。但是现在，纪检组全面派驻，由中央纪委、国家监委派出，人事关系都转到中央纪委了。人员的升迁由中央纪委来决定，由中央纪委来考核，与所驻的这个单位没多少瓜葛了。纪检组的任务就是监督，有问题没发现算失职，发现了没处理算渎职。而且对于这个派驻，中纪委和各级纪委的考核力度很大。我听一个纪委书记讲，他那个省派驻的纪检组，有的工作很努力、效果很好，有的不行，结果纪委书记在一次会上敲打了一些人，他说："我们各个纪检组每年处理违纪的事情、查案子的数量差异比较大，有的比较多，有的比较少，甚至有的几乎没有。在我看来，比较少的甚至没有的可能是两种情况。一种情况是你那个地方的廉政工作就是做得好，党风就是好，没有问题，所以你也不能制造冤案，没有就是没有。但是也可能是另一种情况：有问题你没认真查，你没发现。到底属于哪种情况，你们比我更清楚。下一步我要调查，要了解。如果是第一种情况，那我要推广你那儿的经验。如果是第二种情况，我发现了有问题你没认真查，那就不客气了，决不会放过你。"这么一讲，马上就有人坐不住了！其实道理明摆着，真的完全没有事的地方恐怕很少，甚至也不一定有，没有大事可能还有小事。

三是巡视组的效果很好。党的十八大之前就有巡视，但是做法不一样。过去，巡视组相对固定，比如这个组管西南几个省，那个组管华北几个省，还有一个组管东北。时间久了，巡视组的人与被巡视的对象熟了，还能拉下来脸吗？没准甚至有的人勾结在一起了，从而使巡视效果大打折扣。党的十八大以后就不一样了，巡视职责很清楚，就是找毛病的。巡视组巡视中央党校的时候，巡视组的同志找我谈话，那时候我还没进学校领导班子，他们让我谈一谈对校委班子的印象，我由衷地对校委班子作了肯定性的评价，我说怎么怎么好，刚说没几句，就被他们打断了，他们说："好的不用说，你就跟我说他们有什么问题。好是应该的，我们就是找毛病的。"

还有一个工作方式，就是地方巡视：把从哪天到哪天、有意见怎么反映等事项通告大家。这其中很有讲究。比如，意见箱挂在什么位置或放在什么位置？一定不能放在摄像头的范围之内。摄像头要是能照到意见箱，就没有人敢往里投意见。再如，举报电话从早上八点到晚上八点都会有人值守，举报的邮箱等也都公布了。若干年前，媒体上曾经炒作过，某一个巡视组到某一个省之后，被这个省的人包围封锁了，不让老百姓去反映情况。后来有关方面很快澄清了。我恰好认识这个巡视组的组长，我问他："怎么回事？"他说："有的人纯粹瞎炒作。巡视组是去查问题的，是不管老百姓信访的。有些事情是需要解决，比如老百姓反映拆迁补偿不合理的问题，但巡视组是不管这事的，得去找别的渠道解决。但是，老百姓一开始也不一定知道哪些事巡视组管、哪些事巡视组不管，在他们看来，有冤就可以来这儿诉。所以好多信访的事都找过来了。后来，有关方面作了一些解释，给巡视组的同志解了围，告诉信访的人，这些事得找别的机构、别的人。但有的人就误会了，以为巡视组被包围封锁了。"那个组长跟我讲，没人敢包围封锁巡视组，比如从早上八点到晚上八点都可以打举报电话，没人敢把电话线掐了；如果敢包围封锁，就表明这个地方有什么见不得人的问题，没准第一时间就被查了。

四是回避。巡视开始前夕或者正式开始的时候，巡视组的同志才会知道让他们到哪个地方、哪个单位巡视。在这之前，他们只知道自己的工作是巡视，但是到哪儿去巡视不清楚。有一点他们清楚，一定不会到他们出生、长大的地方巡视，一定不会让他们到长期工作过的地方或者部门巡视，一定会让他们去跟他们没有多少瓜葛的地方或部门巡视。这一点他们都清楚。显然，这个也是必要的。

党的十八大以来，通过巡视发现了很多问题线索。一般的问题就提出来，直接要求整改，而问题线索则转交有关方面。反馈意见的时候，最后都有一句话：发现的线索转有关方面。有的人就会胆战心惊：谁的线索？是不是跟自己有关系？这个当然不会告诉本人。巡视组组长在给省委书记或部党组书记反馈意见时，都是代表中央在反馈意见。巡视组组长本人可能级别不高，多数是副部级，而面对的被巡视单位的主要负责人可能是正部级，甚至可能是副国级。虽然级别不如对方高，但是他们代表的是中央。巡视组巡视一个地方之后，要向中央政治局常委报告，反馈的意见是经过中央政治局常委认可的。每一轮巡视后，给这个单位反馈什么意见，给那个地方反馈什么意见，是能看出点门道的。我记得几年前，中央巡视组反馈对重庆巡视的意见时，孙政才是重庆市委书记。向孙政才去反馈意见时，有些话为什么这么说，为什么说得那么重，事后我们都明白了：巡视组发现问题了，而且毫不客气地指出来了。那时候可能感觉是工作上的问题，但是背后往往会有其他的问题和原因。后来，孙政才没多久就落马了。所以，巡视制度在反腐败过程中起了非常大的作用。

当然，各级纪委还有很多其他改革，包括纪委内部的改革，抓了一些内鬼。纪委监督别人，自己也要受监督，或者说更得受监督。纪委内部有专门的部门管举报信，不是中纪委某个室管华东几个省，关于华东的举报信就交给这个室，而是由专门的部门管的。所以，反腐败的效果好，跟纪检体制改革有密切关系。

/ 三 /

第三个举措：选干部。习近平总书记发现，落马的中管干部，有的人腐败不是一天两天了，有的人过去就是被带"病"提拔上来的，甚至有的人是靠花钱买官上来的。所以，除了严厉反腐败、严管干部之外，要选好干部。党的十八大之后，我们马上改变了过去唯票取人、唯分取人选干部的方法。唯票取人就是推荐干部，谁票多用谁。表面上看，这是党内民主的表现，多数人总比少数人选得准。道理似乎是这样，但是一操作就变了味了。如果我比你多几票，我就能上，你就上不了了，所以有的人就琢磨着怎么拉票。虽然中央三令五申地禁止，但恐怕也很难杜绝这个事。而且拉票的人往往很狡猾，想抓都不好抓。党的十八大以前，我注意到中央的通报里，因为拉票被处理的省部级干部好像就一个，是陕西省一位原副省长。那个人被查到是因为他比较笨，发短信为自己拉票，所以被人举报他都没法抵赖，证据都是现成的。但是，这样笨的人实在是太少了。过去也有人到我这儿拉过票，但是一定不是本人拉，而是他的下属或同事帮他拉。比如他的下属会跟我说，他们领导人很好，也很能干，在什么什么位置上时间多长了，甚至正厅级的位置干了好几个了，现在年龄也不小了，这次如果上不了，没准以后就没机会了，是不是应该支持一下？这种情况下，哪怕被人举报了，哪怕查实了，但是那个人会说他不知道，他没让人去给他拉票，那是别人自己的行为，所以拿他没办法。推荐干部的时候，尽管组织部门的同志在台上会把中央的要求说得很清楚，如德才兼备等，但是有的人投票的时候就不按要求投，他就投他的老乡、他的同学，其他人再优秀他都不投，而且还是不计名投票，想投谁都是他的权利。

如果唯票取人的话，很多干部一定不敢担当，因为敢担当就得罪人，得罪人就会丢票，所以最好是多栽花、少栽刺。现在修订了《党政领导干部选拔任用工作条例》，推荐干部的方式跟过去不一样了，不是都开大会，无记名投票海推，而是经过谈话调研推荐和会议推荐。谈话调研推荐，就是组织部门的两个人跟你一个人谈话，告诉你要推荐一个什么样的干部，有什么样的要求，包括年龄要求，符合年龄条件的大概有多少人，你从这里推荐一个或者两个同志。你要是推荐某某某，他们会问：为什么推荐某某某？某某某为什么优秀？你要用具体的事例来说明某某某怎么优秀。还得让你说某某某的不足，因为任何人都有不足。什么地方不足，要拿具体材料来说。这个就比会议推荐准确多了，因为不管是谁，跟组织部门的同志谈话时，都得考虑对组织负责、对自己负责。

我参加过好多次这样的谈话，我知道要选一个什么样的干部，甚至我自己也可能是候选人之一，但是推荐自己还是不好意思的。我一定推荐我认为不错的同志，我讲出的理由一定得让组织部门的同志觉得他符合干部选拔要求，我谈不足的时候决不能因为我自己想上，觉得某一个人可能会跟我竞争，我就故意说人坏话。如果说人坏话却没有事实依据，就是诽谤，需要承担责任。所以，我相信不管找谁谈话，大家都得按照组织上的要求说话，不敢乱来。有时候，谈话调研推荐某一个人，就是某一个人要被提拔的时候。谈话调研推荐的人往往比会议推荐的人多。对于会议推荐，有的人可以不负责，但对于谈话调研推荐则不敢不负责任。

选拔干部的时候，也不是一定用得票多的干部，少几票就不能用，还要考虑各种其他因素。中央把选拔干部的权力交给了各级党组织，把责任也交给了各级党组织。比如，中央党校校委要推荐干部或者党的十九大代表，推荐哪个人选、为什么推荐他，这个责任太大了。领导干部有两项基本工作，即出主意、用干部，其实用干部比出主意还重要。如果你推荐的干部经过组织部门的考察，确实优秀，最后用了，你就是对党中央真正负责。如果你推荐的干部经过考察，发现问题很严重，基本不行或者多数不行，不仅不能用，还得处罚他，那么这个班子的主要领导就要想一想自己有什么问题了：是你不了解、不清楚谁优秀谁不优秀，还是你没有推荐优秀的干部，反倒推荐了不优秀的干部、有问题的干部？无论哪种情况，这个问题恐怕都很严重。在选干部问题上，我相信班子成员尤其是主要领导的压力和责任都很大，所以不敢乱来。

中央出台了提拔干部的具体办法。首先是干部的档案必须查，如果查出来有改年龄、假学历、假党龄的问题，不仅不能提拔，还要受处分。比如司法部政治部原主任卢恩光，就被查出来是"五假"干部。他严重违反了计划生育政策，前后两个女人给他生了六七个孩子。入党材料造假，他当年花5000块钱入的党，他觉得要当官就得先入党。巡视组的同志发现了破绽，伪造的入党申请书落款是1990年，但是这个入党申请书里面居然有学习1992年初邓小平南方谈话的内容，这就穿帮了。后来巡视组把这个线索移交给中纪委相关部门。如果档案有问题，是经不起查的，比如不同时期登记的干部登记表，上次写的是1960年出生，这次变成1963年出生，一查就能发现问题。如果档案有问题，就肯定不会被提拔。其次是个人事项申报，正式提拔前都要核查。如果核查有问题，也是不能被提拔的。小的问题至少诫勉谈话，六个月以后再说；如果发现了大的问题，就彻底不能提拔了；问题严重的话，还要受处分。好多人就是因为个人事项申报出了问题没有被提拔。比如本来家里有股票，没报；本来股票比较多，报得比较少；自己的孩子如果在企业里有股份，但没报，那也是问题。

现在有问题的干部想过一道道关口被提拔，很难。党的十八大以来，有的地区和部门居然出现了干部不愿意被提拔的情况，这是之前没有的。什么情况下不愿被提拔呢？比如，山西发生过一系列腐败案件，省管干部曾经缺额300多个，需要尽快补上。那一段时间，山西选干部比中央要求还要严，查得非常细，结果山西有一些干部就怕被提拔，不愿被提拔。有些人找到领导说："感谢组织对我的信任，还要提拔我，但是我这个人年龄也不小了，干不了几年了，身体不是很好，能力不是很强，我有自知之明。县处级我很知足了，组织上对得住我了，别提拔我了。"这种事在党的十八大之前没听说过，这么谦虚，这么谦让，把提拔的机会主动往外推。但我们心里明白，这种人一定是心虚的：不被提拔，如果低调一点儿，没准能平安着陆、平安退休了；如果被提拔，需要一关一关地查，不仅过不去，而且没准会被处分。所以，现在选拔干部的方式方法跟过去真不一样，效果也不一样。

现在很多人都明白了：要想从政，要想晋升职务，就要老老实实的。我有时候跟年轻同事谈我的体会：想晋升，人之常情，自己能做到、能把握的只有两点。一是守规矩，别犯事。犯了事谁都帮不了你。二是干好自己的工作。干好了，老百姓可能就会认同你，组织上可能就会注意到你，该提拔可能就提拔了。在我刚才提到的政党对话会上，关于选拔培养干部的问题，我作了五分钟的发言，主要给外国人讲了两个关于干部选拔的故事。一个是习近平总书记是怎么样从梁家河生产大队的党支部书记成长为中共中央总书记、国家主席的。他的职务变动大的有 16 次，工作过的地区总人口超过 1.5 亿。

通过他的晋升可以看出，中国共产党选干部强调台阶。因为在不同位置上，他的政绩更突出，更为组织和群众认可，否则怎么是他上来，不是别人上来呢？另一个是十九届中央委员会是怎么产生的。我是中央候补委员，人家怎么选我的，我太清楚了，印象太深刻了，一关一关地过，只要有点儿问题，肯定就出局了。党的十九大之后，新华社发了一篇长篇报道，其中谈到一个数字，我看了很震惊：党的十九大之前被正式当作中央委员和候补委员候选人考察，但会上没被正式当作候选人提出的同志，一共有154人。能作为候选人被考察的同志，就意味着已经经过好多程序了。这些同志总体上应该是很不错的。考察了，但没有被正式提出来，那是优中选优，把相对更优秀的同志选了出来。

十九届中央委员和候补委员实行差额选举。党的十九大开幕式那天，在代表通道上，一个美国记者问我：这些年党代会制度有变化，有所谓"七上八下"，这是正式的制度还是惯例呢，还是什么都不是？这个问题不好回答。"七上八下"，我不敢说是，也不敢说不是。因为说是，党的十九大还没开呢，没酝酿人选呢，不知道谁上谁下；说不是，我也没有理由，我也不知道最终把握的是什么年龄尺度。但是我跟他讲，党的十八大以来，中国共产党选人用人的要求越来越规范、越来越严格，带"病"提拔的越来越少，党的十九大一定会选出让党和人民信赖的领导集体。这在原则上没有错。大会的最后一天，中央委员会产生之后，我又碰到了那个美国记者，他又问我是不是"七上八下"。我说："今天产生了中央委员会，明天会开十九届一中全会，会选出我们党的中央政治局，选完之后新华社很快就会发布领导人的简历，建议你认真看一看这些领导人的年龄，你再判断到底是不是'七上八下'。"我们选得真是严格，比党的十八大之前科学多了、规范多了，效果也好多了。现在已经有了很好的导向，有些领导同志私下谈体会时讲：干好工作就行了。干得好，该提拔就提拔了，别天天想那么多事，没有用，就应该想着怎么把工作干好。

/ 四 /

第四个举措：扬正气。习近平总书记看得明白，很多人出问题，是因为理想信念丧失了。我这几年看到了很多落马中管干部的忏悔录，是他们在接受调查审查期间写的。对照党章、对照自己当时的入党申请书，他们痛哭流涕。在他们看来，自己严重地违背了党章，违背了自己当年争取入党时的承诺，非常后悔。一些忏悔录写得有一定的深度，甚至有人跟中央建议怎么采取措施避免出问题。这些人无一例外地谈到自己出问题首先是理想信念丧失了，世界观、人生观、价值观出了问题。比如辽宁省委原常委、政法委原书记苏宏章，本科是学哲学的，干过一段时间宣传部长，懂一点儿理论。他有自己的名言：马克思主义太旧，共产主义太远，中国特色社会主义太杂。这三个主义在他看来都不能信，他就信权、信钱。这些人缺"钙"，要补"钙"。世界观、人生观、价值观是总开关，总开关出了问题，就会关关出问题。习近平总书记在北大讲过扣扣子的事情，第一粒扣子扣错了，后面就跟着错了，确实是这样的。

人的一切行动都是在思想观念的指导下的。革命战争年代入党，没人强迫，都是自愿的。为什么入党？为什么参加党领导的军队？因为党领导的军队是为穷人打天下的，再苦再累都值，死了也值。参加长征的各路部队，刚开始有几十万人，最后到陕北的只有几万人，其他人基本都牺牲了。参加长征的红军战士，谁能想到跟着共产党走，几十年后能混个书记、局长干干？谁能想到共产党能在全国执政？谁能想到长征能活着走到头？长征什么时候是个头？连毛泽东、朱德、周恩来在很长时间都不知道，到了甘肃后才最终决定落脚陕北的。支撑红军指战员的是什么？就是革命理想。理想信念的力量是常人难以想象的。习近平总书记曾引用过方志敏烈士的文章。相信很多人都读过方志敏的《可爱的中国》，文中描述的中国真是可爱，但是方志敏很清楚，将来的中国无论多么可爱，他是见不着了，但他无怨无悔。

党的十八大以来查处的这些腐败分子，没有一个理想信念没丧失的。其实说丧失，程度还稍微轻一点儿。丧失的前提是曾经有过，如果压根儿就没有过，那就没有丧失之说。中纪委给有的腐败分子定性的时候，不说丧失，而是说毫无理想信念，毫无正确的人生观、价值观，这就是说这些人压根儿没有过理想信念。党的十八大以来，各级党校、高校、媒体已经形成了弘扬正气的氛围。老百姓肯定是敬重我们的先烈，敬重我们的英模的，这些人就是民族的脊梁，共产党就应该用这样的人。我记得2016年建党95周年的时候，中央电视台搞了很多街头的采访。在"你心目中的共产党员应该是什么样的"采访中，一位中年人回答得很好："有急难险重的事你得往前冲，有利益你得往后缩。"老百姓就是这么理解的，我们党也是一直这样要求我们党员，要求我们领导干部的。

弘扬正气，这几年效果很明显。党的十八大之前，都不怎么说共产主义了。但十八大之后，习近平总书记多次提到，不追求共产主义，还有什么资格叫共产党？共产党不就是要追求共产主义吗？有人觉得共产主义虚无缥缈，甚至不可能实现。共产主义确实不容易实现，要是容易实现，还能是人类最美好的理想吗？尽管共产主义短期内不好实现，但可以逐步实现，不同时期都可以有相应的体现。革命时期打土豪、分田地，就是让老百姓明白中国共产党是为他们谋利益的，所以他们死心塌地跟着共产党走。党的十八大以来，习近平总书记抓精准扶贫力度多大、效果多好，老百姓很清楚，共产党就是要让他们过上好日子，习近平总书记反复讲"一个也不能落下"。好多年以前，我们办过"优秀青少年党史教育活动周"，有一个在北京上中学的藏族孩子，当时是初中生，他的发言语惊四座。这个孩子讲得非常好，他说藏族同胞大多数信藏传佛教，重视来生来世，这辈子苦一点没关系。政府给的扶贫的东西，有些人转身就送到寺庙里去了，这是为了来生来世过上好日子。但来生来世能不能过上好日子，有没有来生来世，都是无法验证的。在他看来，共产党的价值观比宗教信仰更积极。宗教信仰是让他来生来世过上好日子，而共产党人是想方设法让他今生今世就过上好日子，共产党也尊重他们的宗教信仰。现在不管是西藏还是其他藏区，扶贫力度都很大。政府出钱帮老百姓建房子，有的地方政府给每户的支持甚至到了 10 多万元。哪个藏族老百姓不在乎？有一位领导同志讲，如果共产党人真的坚定理想信念，老百姓是会跟着走的。马克思主义的价值观绝对是好的，因为它站在了人类道义的制高点上。共产党人如果按照这个价值观来做事，老百姓一定会认同。我记得 2011 年我到德国特里尔参观马克思故居的时候，有人这么议论：马克思的人格太伟大了，自己贫困潦倒，日常生活靠恩格斯接济，自己的孩子夭折以后连安葬的钱都没有，但是他研究解放全人类的问题。就马克思主义对当今世界的影响力而言，近代以来没有哪个思想家能跟马克思比。

/ 五 /

第五个举措：净生态。习近平总书记看得清楚：为什么有的地方会出现塌方式腐败？因为这些地方的政治生态出了问题，没有规矩了，没有正确的导向了。如果没有规矩了，就一定会出问题的。比如你知道有人给别人送钱，你送不送呢？你不送，没准落选的就是你。送了违规，不送没准落选，怎么办？如果一个地方贿选成风，跑官、要官、买官、卖官成了气候，能有好的导向吗？比如，山东有一个原县委书记落马，他在担任县委书记期间卖官，自己不出面，让他老婆出面。他老婆是公安局副局长，她在外面放风，说县委又要调干部了，某某希望很大。这相当于找上门要了，如果不给，没准该提拔的不提拔了，结果有的人就送了。这个县一共 18 个乡镇，查到最后，只有一个乡镇书记没给他送，其余 17 个都送了。这个人为什么不送呢？因为年龄到了，快要退休了，送了也提拔不了，所以他就不送了。大家想想，有这么一个县委书记，这个县的风气会败坏到什么程度？所以，政治生态太重要了。

党的十八大之后，习近平总书记每年参加两会团组讨论，谈得最多的话题是净化政治生态，而且特别到有些省团去谈，指向性很明确。这几年，政治生态发生了很大的改观，谁要跑官、要官、买官，不仅让他跑不成、要不成、买不成，而且一定让他付出代价。选干部的方式也有了很大的改观，效果非常明显。后来，习近平总书记又强调政治建设。党的十九大把政治建设放在首位，后来专门出台《中共中央关于加强党的政治建设的意见》。政治建设的核心或者关键是"两个维护"：坚决维护习近平总书记党中央的核心、全党的核心地位，坚决维护党中央权威和集中统一领导。"两个维护"是民主集中制的题中应有之义，是我们的体制优势所在。通过民主的方式作出决策，同时强调"四个服从"，强调集中，决策快，执行力强，这个体制优势，现在全世界都看明白了。但是曾几何时，有"政令不出中南海"之说，中央的决策得不到有效贯彻落实，有人阳奉阴违，对中央的政令合意则取、不合意则舍。

党的十八大以来，强调令行禁止，但是还有问题，甚至有的问题很严重。最突出、最典型的是陕西的秦岭北麓别墅事件，在这么重要的生态保护地区建别墅，而且建了那么多。中央电视台专门做了一个片子，我接受了采访。习近平总书记前五次批示都没解决问题，有些人想糊弄过去。但是他一追到底，第六次批示要求从政治纪律、政治规矩上解决问题，派中纪委副书记带领工作组坐镇几个月，这事终于被彻底解决了。

这么严重的问题居然发生在党的十八大之后，真是不可思议。此前，甘肃祁连山破坏环境的事件也很严重。像祁连山这种生态环境脆弱地区，一旦环境被破坏，就很难恢复，甚至无法恢复。有一次，生态环境部的副部长讲，河西走廊太重要了，是重要交通线。如果祁连山的生态坏掉了，高速公路也好，高铁也好，就麻烦了。习近平总书记是有这个眼光的，但是有的人就没这个意识，总书记指出之后迟迟不纠正，总想糊弄。如果任由这种事发生，政治生态如何净化？！怎么做到"两个维护"？！

/ 六 /

第六个举措：立规矩。习近平总书记强调，要坚持思想建党和制度治党紧密结合。思想建党是毛泽东的创造，是我们党的传统、我们党的好经验。习近平总书记在继承、坚持这个好经验的基础上，又强调制度治党、依规治党。对党的建设各个方面要定出规矩，而且要严格执行。党的十八大刚过就出台了《中央党内法规制定工作五年规划纲要（2013—2017年）》，现在《中央党内法规制定工作第二个五年规划（2018—2022年）》已经实施了。旧的党内法规，哪些过时了，就废除；哪些需要修订，就修订，比如《中国共产党纪律处分条例》已经修订了两次；哪些该有而没有的法规，就新制定，比如新制定了《中国共产党党组工作条例》《中国共产党统一战线工作条例（试行）》等。各方面工作都要定出规矩来，而且要严格执行。王岐山同志一再讲，中纪委不是专门办案子的，中纪委的职责是监督、执纪、问责。巡视就是监督，违反了纪律，就会被调查处理。"四种形态"的第一种形态——红红脸、出出汗能解决问题最好，最好党内没有那么多人受严重处分，没有那么多人进监狱。这样对个人好，对家庭好，对党和人民都好。当然，有的人就是执迷不悟，那就得该怎么处理就怎么处理。

党的十八大以来，规矩越来越明确、越来越细、越来越严，执行得也越来越好。我们党本来就有严明纪律的传统，现在比过去做得更好了。横向比较，在这个方面，还没有哪个政党做得比我们好。习近平总书记强调自我革命，这也是自我革命的重要表现。

我觉得，以上六个举措基本上可以概括党的十八大以来习近平总书记全面从严治党的理论与实践。正是因为我们党在从严治党方面采取了这些举措，才有了现在这个非常好的局面。我曾经作出一个评价——中国共产党已经走出了一条成功治党的新路。虽然毛泽东时期治党也很成功，但是在市场经济环境下，在全方位开放情况下，如果把毛泽东时期的某些具体办法拿到现在，就不一定那么有用了。要根据新情况，拿出新办法，走出新路来。我觉得党的十八大以来，以习近平同志为核心的党中央走出了新路，而且走成功了。坚持走下去，一定会越来越好。中国共产党治好了，就一定能够担当起领导中华民族实现伟大复兴的责任。

在最近的中美经贸摩擦中，我们党的表现大家有目共睹。中国人不是那么好欺负的，历史上不好欺负，现在也不好欺负，或者说现在更不好欺负。我们国力强盛了，经验更丰富了，能力比过去更强了。所以我相信，我们党一定会越治越好，我们这个国家也一定会发展得越来越好。

我就讲这些，谢谢大家。

》》现场互动撷英

地球与空间科学学院学生：在苏联历史上，苏联共产党内部的腐败现象非常严重。我的问题是：苏联解体与苏联共产党内部的腐败有多大关系？苏联为什么没有像现在的中国一样成功地从严治党？

谢春涛：你提的这个问题是一个很大的问题，也是一个很有价值的问题。苏共确实有腐败的问题，但是根据我看到的材料，我倒觉得苏共的腐败问题其实并不算很突出。我觉得他们更严重的问题是特权，特权对于他们的干部而言具有相当的普遍性，一定级别以上的干部有各种各样的特权。特权比腐败更可怕。腐败是党纪国法不允许的，发生了就处理。但特权是制度化的腐败，老百姓愿意接受吗？特权是能够离间党和群众的关系的。苏共在这方面的问题比较严重，所以在苏共垮台前夕，认为苏共代表人民、代表工人阶级利益的人比例很低。另外，苏共垮台的原因是多方面的，绝不仅仅是腐败或者特权，其他方面的原因也很重要，甚至更重要。

我去过俄罗斯、罗马尼亚、匈牙利，它们都是原社会主义国家，我接触的人也基本上是原来共产党的政治家、理论家。不用我们说，他们主动说中国共产党干得比他们好，他们干得不行。匈牙利社会党的负责人跟我说，20世纪50年代以后，马克思主义在东欧地区就没有发展了，停滞了，没有像中国共产党这样做到与时俱进。这个太重要了。大家知道，从邓小平时期开始，我们创立了中国特色社会主义理论。我上大学的时候，讲社会主义是公有制、计划经济、按劳分配、农业集体经营这"四个单一"，把这个当作社会主义的天经地义，强调的还是苏联模式的特征。改革开放不久，这"四个单一"慢慢都没了。就是因为中国共产党有了新的认识、新的理论，所以中国才有了改革开放，有了新的举措，后来始终以经济建设为中心，经济发展很好。因为马克思主义在中国实现了与时俱进，有了中国特色社会主义理论，所以我们成功了，而苏东原来那些社会主义国家却垮台了。

还有一个比较也很有意思，是我的一位老领导比出来的。1978年，中国共产党召开中央全会，决定改革开放；1979年初，苏共中央也召开全会，决定入侵阿富汗。两个不同的决策，导致两个大党、两个大国命运截然不同。当然，中国共产党成功的原因是多方面的。除了发展经济，我们还不断发展社会主义民主政治；中国共产党在治党方面有高度的自觉，治党的效果非常好。苏共垮台的原因也是多方面的。刚才提到的腐败和特权，是其中一个方面的原因，仅这个方面，负面影响就很大了。苏联跟美国争霸也是一个很重要的原因，最后把自己拖垮了。

提问：谢教授，您好。我的问题是：我们有的时候会在新闻上看到中央党校会组织一些省部级领导干部培训班。这些领导干部在工作当中已经有很多丰富、实际的领导经验了，他们到了中央党校还能有一些什么收获？能学习到什么呢？

谢春涛：这个问题我回答比较方便，因为我在中央党校工作已经超过30

年，而且我现在分管学员工作，对学员很了解、很熟悉。来中央党校学习的省部级干部很多，其他级别的干部更多。大家可能注意到，党校有一个比较庞大的体系，不仅中央有党校，地方各级党委也有党校。习近平总书记 2015 年底在全国党校工作会上指出，我们层层建立党校，培养领导干部，这是我们的一大政治优势。

我们很多干部都要经常地进党校学习。中央党校最重要的班还不是刚才你提到的省部班，而是省部级主要领导干部研讨班。如果大家关心时政新闻，会注意到这样的班每年要办一次，都是春节之后、两会之前。省部级主要领导干部是什么概念呢？省委书记、省长是省部级主要领导干部，省人大常委会主任和省政协主席不是，部长是，还有比他们位置更高的所有的中央领导，包括党外的中央领导都参加这个省部级主要领导干部研讨班。一般来讲，这样的研讨班时间是一个星期，每次都有一个不同的主题，比如 2019 年的主题是应对风险挑战。开班式的时候，习近平总书记会讲一课，然后印发一些材料，大家讨论。我过去多次作为工作人员参加过这个班，2018 年我是作为学员参加的。这个研讨班效果很好。就某一个问题，习近平总书记讲了之后，大家讨论，统一思想，分头去干。

你刚才讲到的省部班，学习时间更长，学习的内容更丰富，除了学习习近平新时代中国特色社会主义思想之外，还要学习马克思主义理论、党性教育、能力和水平提升方面的课程。此外，还有一些知识性的选修课程。我们的领导干部尤其是省部级领导干部，总体上水平比较高，好多人都是名校毕业的，甚至当年就是学霸。还有一些同志在国外留过学，具有高级职称的比例相当高，还有不少院士。比如十九届中央委员会里，院士大约有 30 人。这些同志在专业领域的水平和素养都很高，但是到了中央党校，学的往往不是他们原来专业上的知识，而是学治国理政方面的知识。学员们由衷地感受到这种学习很有用。刚才举的省部级主要领导干部研讨班，习近平总书记会亲自讲课。省部班，除了老师讲课之外，中央各部门领导，甚至中央领导也去作报告，每周至少一次。这些领导讲的跟我们党校的老师讲的不一样。我们讲的一般是理论教育、党性教育这方面的课程；他们作的是形势与任务的报告，即由某一个部委的领导同志谈他们这个部委的工作，比如由王毅同志作外交方面的报告。对于这些同志的报告，有时间我也尽量听，收获很大。因为这些报告一般两个多小时，信息量非常大。习近平总书记对这方面的工作有什么重要论述、重要思想，他们一定概括得全、准、实。改革开放以来我们有哪些成就，哪些方面做得不错，有哪些成功的经验，存在哪些不足，下一步该怎么干，作报告的领导一定能讲清楚这些问题，对我们的干部有很大帮助。再如，我们曾经办过而且现在正在办新任市委书记班、新任市长班。全国有 300 多个地级市，一个地级市的平均人口是 400 万，所以地级市很重要。市长有市长的课程，市委书记有市委书记的课程。市委书记 80% 以上是由市长转任的，但市委书记负责的事跟市长负责的事不一样。市委书记要负责党的建设、宣传工作、统战工作、维稳等，相关领导同志讲一堂课，他们基本就掌握了。所以，办党校确实是我们的一大优势。

2011 年，我参加过一个国际研讨会，遇到了一位美国的知名中国问题专家。他在美国的中国通里面起码排前五名，研究过中国共产党干部教育问题。他在会上发表了一个观点，说中国最值得美国人学习的制度是党校制度。他说得有道理的。现在，世界上很多执政党跟着我们学，也开始建党校，有的已经建起来了。当然，建一个党校不难，但是我们有些东西恐怕他们不容易学会。建党校讲什么呢？我们主要讲理论、讲党性，他们没有什么理论可讲，有的党也没有什么党性。在这方面，我们确实有优势。

>> 主编按语

党的建设是重要的政策问题和实践问题，但这个问题很不好讲。讲好这个问题的关键在于要把理论的高度和实践的厚度有机结合起来，实现政治性、思想性和通俗性的完美结合。谢春涛先生的这个报告完全达到了上述要求！

这个报告从抓作风、反腐败、选干部、扬正气、净生态、立规矩六个方面系统、全面阐述了党的十八大以来以习近平同志为核心的党中央全面从严治党的理论与实践。报告内容丰富、说理透彻、语气亲和，非常契合青年的认知特点。

这个报告给我印象最深刻的有以下几个地方：中国共产党已经走出了一条成功治党的新路；以习近平同志为核心的党中央不仅有勇气自我革命，也善于自我革命；全面从严治党是关系中国特色社会主义事业成败的关键，在"四个全面"战略布局中居于首要位置。

没有课件、没有讲话稿，谢春涛先生却洋洋洒洒、逻辑严密、清晰流畅地讲了两个小时，表现出了深厚的理论功底、严谨的教学态度、扎实的教学功力，令人敬佩。

网络如何强国

任贤良

　　十三届全国人大社会建设委员会副主任委员、中国网络社会组织联合会会长。曾任中央网络安全和信息化领导小组办公室副主任、国家互联网信息办公室副主任。

各位老师、同学们，上午好！很高兴来到北京大学与大家进行交流。刚才见到北大党委书记，我就跟他说，我是正宗的北大学生的家长，我女儿、女婿都是从北大毕业的，从本科一直读到博士，对北大是极其热爱的。

今天这个讲座，我主要围绕网络强国这个主题，和各位老师、同学作一些交流。

/ 一 /

大家知道，习近平总书记在十九大报告中多次提到在世界多极化、经济全球化、社会信息化的背景下，要建设网络强国、数字中国、智慧社会。十九大报告直接或间接论及网信工作的有 25 处之多，充分体现了以习近平同志为核心的党中央对网信工作的高度重视和殷切期盼，体现了网信工作的趋势、特征和党中央对其发展规律的深刻把握。

那么，我们所处的信息时代究竟有哪些特征呢？

第一，以互联网为代表的新一代信息技术是全球研发投入最集中、创新最活跃、应用最广泛、辐射带动作用最强大的科技创新领域，已经成为全球技术创新的竞争高地。互联网对人类产生了最深刻的影响，没有什么比互联网的影响更全面而深刻。

一是互联网与计算机技术结合产生了云计算，与存储技术结合催生了大数据，云计算与大数据的深度融合推动了互联网应用走向更高层次。互联网与智能感知、智能处理技术结合派生出物联网，实现了万物互联。有专家预测，到 2020 年，预计全球将有 500 亿台终端设备接入网络，其中有 100 亿台在中国。

二是计算机技术与传感器技术结合派生出虚拟现实 VR，与视频技术结合产生了增强现实 AR，增强现实技术和虚拟现实技术又一起构成了混合现实

MR 技术，并且在远程医疗、在线教育、旅游娱乐、市政规划等领域具有广泛的应用前景。电商的快速发展对传统商业形成巨大冲击，但大家看看，电商同时带来多少新的就业机会？我们不说别的，光快递这项业务就创造了多少就业岗位？

三是以类脑计算为代表的智能处理技术推动人工智能、深度学习、无人驾驶和机器人快速发展。此外，量子通信、量子计算和区块链技术也在快速发展之中。随着互联网技术的进一步发展和人工智能的进一步推进，人们发现未知远大于已知，研究前景非常广阔。

我们现在已经是互联网大国了，但与世界先进水平相比，我们还不是网络强国，我们的一些核心技术受制于人的状况还没有根本改变。这也是我们国家安全和政治安全的最大隐患，我们需要在这方面突破。所以习近平总书记在党的十八届三中全会上提出了网络强国的战略。

第二，互联网融入和渗透进整个经济社会，驱动作用日益明显。

一是数字经济成为后金融危机时代经济增长的重要动力和引擎。所谓数字经济，是指以数字化的知识和信息作为关键生产要素，以现代信息网络作为重要载体，以通信技术的有效使用作为效率提升和经济结构优化的重要推动力量。数字经济形成了两个发展方向：一个是数字的产业化，再一个就是产业的数字化。2016 年二十国集团杭州峰会上，我国主导提出的《二十国集团数字经济发展与合作倡议》得到了各个国家的热烈响应，因为数字经济已经成为世界各国保持经济持续增长和创新活力的关键。这些年，我国数字经济异军突起，逆势增长。2016 年，我国数字经济增速为 16.6%，规模达到 22.58 万亿元，占国内生产总值（GDP）的比重达到 30% 以上，跃居世界第二位。与此同时，电子商务交易额接近 23 万亿元，规模世界第一。大家知道，每年的 11 月 11 日完全是人为创造的购物节，原来叫光棍节，后来变成购物节。2017 年"双 11"这一天，阿里巴巴的交易额达到了 1682 亿元，京东的交易额达到 1270 亿元，让人目瞪口呆。

二是信息化有力助推了国家治理体系和治理能力的现代化。大数据、云计算促进了国家治理的扁平化、精准化、规范化。习近平总书记当年在福建时就提出要建设"数字福建"，后来又提出建设"数字浙江"，都取得了积极的成效。我们国家大力推进信息化建设，在提供公共服务、创建智慧城市、进行国家治理、精准扶贫等方面都取得了显著的成效。

三是信息掌控能力已经成为衡量国家竞争力的关键因素。我们过去判断一个国家的实力和发展前景，除了科学技术、工业制造、国民教育这些指标以外，另一个很重要的指标就是石油、黄金等战略储备资源的拥有量。而今天则要看一个国家拥有多少数据资源。数据资源的重要性甚至超过了黄金、石油，日益成为国家的基础性战略资源和新兴大国博弈的焦点。特别是在基础信息资源与大数据、云计算、物联网等交织叠加的情况下，未来国家的竞争力将在很大程度上取决于拥有的数据规模和数据应用能力。像一些大的互联网平台，它们掌握的数据量是不得了的。当然，这里面也存在安全隐患。

第三，网络安全日益成为国家安全的重中之重。网络安全关系意识形态安全和政治安全，关系国家的长治久安。这些年来，美国等西方国家在西亚、北非等地区利用互联网肆意搞颠覆破坏活动，策划了一系列"颜色革命"。美国还试图利用掌控互联网根服务器管理机构的优势控制互联网。大家知道，世界互联网有 13 个根服务器，其中 1 个主根服务器，12 个辅根服务器。主根服务器在美国；12 个辅根服务器中，9 个在美国，2 个在欧洲，1 个在亚洲的日本。美国主张信息的充分自由流动，因为它是可以做到这一点的，但实力较弱的国家哪能做到？信息流动不仅要充分自由，而且还要有序。美国讲互联网无国界，讲全世界都应当是没有边界的。可我们感觉，互联网是没有国界，但是互联网是有主权的，在每个国家得有主权治理，因为每个国家国情不同。这是我们跟美国在互联网发展方面最大的分歧。美国要看别人的东西，轻而易举。两伊战争的时候，美国利用互联网域名的控制权、解析权，把伊拉克国家顶级域名解析中断了，导致伊拉克的网络彻底瘫痪。它对任何国家都可以搞这一手。

与此同时，网络违法犯罪多发频发，威胁人民群众财产安全，严重影响社会和谐稳定。传统的犯罪几乎都能在网上找到空间，而新型的网络犯罪花样不断翻新。这些年兴起的P2P、网络金融也成为重灾区，上当的人不少。近10年来，我国的电信诈骗案件每年以20%—30%的速度在快速增长，2017年1—7月，全国共立案35.5万件，同比上升36.4%。我们也在不停地打击，但仍有一些犯罪分子跑到国外去，例如跑到柬埔寨、跑到非洲，继续犯罪。

第四，网络空间的军事化趋势日益凸显。网上炮声隆隆，看不见硝烟弥漫，但是网络空间的战争也是非常激烈的。美国在2009年成立了网络空间司令部，打算在2018年前建成133支具有全面作战能力的网络部队，包括40支进攻型部队，并大力发展无限注入等突破物理隔离措施的网络武器库。网络武器库里面有很多网络武器，有专家说2017年5月发生的勒索病毒软件就来自美国的网络武器库，是一种网络攻击性武器。奥巴马公开说，如果中美爆发网络战，美国想赢就能赢。这话说得多么霸气！所以这个事情给我们提出了非常严峻的挑战。党的十八大以后，习近平总书记虽然日理万机，但是他亲自担任中央网络安全和信息化领导小组的组长。一开始好多人不理解，现在大家理解了，因为没有网络安全就没有国家安全，没有信息化就没有现代化。

当然，我们不仅要有坚固的盾，还要有锋利的矛，光防是防不住的。我们现在成立战略支援部队，成立中央网信办、国家互联网信息办公室，全国在布局了。但是我们一定要看到这种严峻的挑战。俄罗斯的网络攻击能力是非常厉害的。为什么美国总统选举已经结束一年了，美国人还在纠结是不是俄罗斯的黑客改变了美国大选的格局？这里面的一些问题是值得探讨的。

我们一定要认识到：得互联网者得天下。目前互联网已经成为世界主要大国国家战略中优先的发展方向。

/ 二 /

大家知道，我们国家是从 1994 年全面建设互联网的。经过 20 多年的时间，我国已经成为互联网大国，有 7.5 亿网民，506 万家网站，微信公众号 2000 多万个，各种客户端 1000 多万个。外国人听到这些数据，听得目瞪口呆，因为这些数字比他们的国民数量加起来都多。所以，国家互联网信息办公室的管理任务之重，我们也可以想象。

我们国家落后，实际上是从工业革命以后开始的。在农业革命时期，我们是处于世界领先地位的。进入近现代以后，我们没有赶上工业革命这趟车，被甩下了，落后了。但现在，我们搭上了信息革命这趟快车。应当说，信息革命伴随着我们的改革开放，促进了我们的改革开放。

我国科学技术发展这么快，有一些跨越式的发展，与互联网有很大的关系。但是，互联网在为我们提供便利、让我们享受信息便捷的同时，也给我们国家的治理、社会的发展带来了一系列的挑战。在现实社会中，中国的发展迅猛，菜市场热热闹闹，各地广场都是跳广场舞的老头老太太们，看着幸福感很强。但是一进入我们的网络空间，乌烟瘴气、乱七八糟，标题党的、色情的、暴力的、低俗的内容充满网络空间，其乱象大家可想而知。现实社会和网络社会完全是两种舆论生态。中央网信办成立以后，大力打击网络谣言，跟公安部门、司法部门一起，开展专项打击。当时有一个叫薛蛮子的，60 多岁的老头，是个"网络大 V"，他说他每天早晨起来以后第一件事就是打开手机。他爱玩这个，全国各地的人都私信他，请他来指点江山、指点迷津，他有种当皇帝批奏章的感觉。后来他因为嫖娼被抓了。他是个品行败坏的人，通过要挟去捞好处，你给好处才帮你办事。还有大家都知道的郭美美。那时候，感觉网络已经成了"网络大 V"的天下，少数几个大 V 就可以操纵言论，设置议题，控制互联网的舆论走向。

2013 年 8 月 19 日，全国宣传思想工作会议召开。习近平总书记明确指出，互联网已经成为意识形态斗争的最前沿、主战场，要求我们的干部要敢于亮剑，不能当绅士，而要当战士，不能为了让西方人说我们开明，就这么看着有些人把网络空间搞乱了，进而把社会搞乱了、把国家搞乱了。从此，我们走上中国的治网之道，成立了国家互联网信息办公室，打击网络谣言，开展网络立法及其他一系列活动。这几年，关于网络安全和信息化工作，习近平总书记有 100 多次讲话，谈关于互联网的发展治理。特别是党的十八届三中全会，又提出了网络强国的战略。

我们可以从以下几个方面来把握网络强国战略。

一是从人类历史上的三次产业革命来认识互联网。从社会发展史来看，人类经历了农业革命、工业革命，现在正在经历信息革命。农业革命增强了人类的生存能力，使人类从采集捕猎走向栽种畜养，解决了人的生存问题；工业革命拓展了人类的体力，以机器取代了人力，大大提高了生产力；信息革命增强了人类的脑力，带来生产力又一次质的飞跃，人工智能发展如火如荼，对国内政治生态产生了深刻的影响。

二是从我们党能不能实现长期执政的政治高度来认识互联网。习近平总书记指出，中国共产党人能不能打仗的问题，新中国的成立已经回答了；中国共产党人能不能搞建设搞发展的问题，改革开放的推进也已经回答了。"大跃进"的时候，我国提出要超英赶美；现在，我们已经是世界第二大经济体。有的学者推算，照这么发展，用不了到 2035 年，2023 年我们的经济总量就要超过美国。当然，美国人少。我们的综合国力会上一个大台阶，因为体量在这儿摆着呢。但是，我们能不能在日益复杂的国际国内环境下，特别是在互联网带来深刻变革的形势下，在高度信息化的社会，在颠覆了传统的传播格局、挑战了现有的管理手段，各类社会风险向网络空间传导，又由网络空间传导到现实社会的形势下，实现长期执政，这对我们是最严峻的考验。所以习近平总书记讲，过不了互联网这一关，就过不了长期执政这一关。

三是从党全心全意为人民服务的根本宗旨认识互联网。互联网最大的特色就是去中心化，被称为草根的狂欢。谁都可以上网，谁都可以在网上发言。现在有一种说法，说 13 亿人有 12 亿部手机，有信号的地方就有手机。现在智能手机也不贵了，几百块钱就能买一个。不仅清洁工、保姆有手机，农村的老头老太太也有，孩子们出去打工都有，只要有信号覆盖的地方就能上网，5G 技术普及后就更不得了了。所以，我们要把全党的工作重点转移到网上，所有管理者、干部都要学网、懂网、用网，通过网络走群众路线，做群众工作，去发现问题、解决问题。

四是从实现中华民族伟大复兴中国梦的战略高度来认识互联网。习近平总书记指出，网信事业代表着新的生产力和新的发展方向。互联网确实是最新的生产力。刚才说得互联网者得天下，各国都看到了这一点。世界知识产权组织有一个统计，过去 20 年全球专利申请量排名前 30 位的企业当中，互联网相关领域的企业占了 80%。2016 年麻省理工学院发布的全球十大突围性技术当中，网络信息技术占六项。这些都印证了得互联网者得天下。这些年，我们赶上了信息革命的快车，而且我们的网络经济确实是草根经济。为什么我们的网络发展得快，特别是在移动网络这方面？因为我们用的人多，发现的问题就多，发现了问题就要解决问题，所以改进了体验、提高了水平。外国人说中国有"新四大发明"，一个是高铁，一个是电商，一个是移动支付，一个是共享单车，其中有三项是跟互联网紧密相关的。在互联网发展方面，中国应当说已经从过去的跟跑到并跑，到现在在某些领域开始领跑。好多老外非常羡慕我们：一部手机所有问题都解决了，包括网上订票，火车票、高铁票都可以。为什么习近平总书记要提出网络强国战略？就因为得互联网者得天下。

网络强国的战略目标、核心任务、基本要求，涵盖了网络意识形态安全和信息化发展的各个方面。其中战略目标就是要建设网络强国；核心任务是维护网络意识形态安全；基本要求是"五个要强"，即技术要强、内容要强、基础要强、人才要强、国际话语权要强。首先，技术要强。如果技术不强，就相当于把我们的大楼建在了人家的地基上，何谈安全？其次，内容要强。现在在互联网上传播的，80%—90%还是英文信息。尽管中国的互联网已经发展得很快，但在互联网信息传播量上，中文信息和英文信息的差距还相当大。这次特朗普来，特意把他的小外孙女背唐诗、背三字经、唱中国歌的视频播放了两次，给习近平总书记看了之后，晚上国宴的时候又要求再放一次。另外，基础要强、人才要强、国际话语权要强，这些我不展开讲了。在这些方面，我们确实还有很大的差距。

既然有差距，我们就得奋力推进网络强国建设。十九大报告指出，要加强互联网内容建设，建立网络综合治理体系，营造清朗的网络空间。因为互联网已经成为舆论斗争的主战场、主阵地、最前沿。要做好网络意识形态工作，就是12个字：凝聚共识，防范风险，争取人心。凝聚共识就是要做大做强网络的正面宣传，向上向善的力量要成为网上的主力，吐槽的、拍砖的、非理性的、宣泄的不应当成为网络的主流。我们要努力营造清朗的网络空间，并且凝聚共识，形成同心圆。这个同心圆就是在党的领导下，去争取"最大公约数"，实现中华民族伟大复兴的梦想。

/ 三 /

怎么管好互联网？在跟网络媒体的同志座谈时，我曾经这样总结：其一，我们要牢牢把握正确的政治方向，就是我们现在讲的，中国特色社会主义的根本特征就是中国共产党领导；党政军民学，东西南北中，党是领导一切的。要认识到我们的体制的本质特征。其二，我们要牢牢把握正确的舆论导向。到本世纪中叶把我国建成富强民主文明和谐美丽的社会主义现代化强国，实现中华民族伟大复兴，符合这个方向的才是正确的舆论导向，不符合的就是不正确的。这是最明确的导向。其三，我们要牢牢把握正确的价值取向，这就是社会主义核心价值观。

我们在搞好内容建设的同时，还要注意传播手段的建设和创新，提高舆论的传播力、引导力、影响力、公信力。现在视频新闻很受欢迎，甚至有人说无视频不新闻、无直播不新闻。《习近平最牵挂的人是谁》《人民代表习近平》等视频作品为什么能刷屏？点击量、浏览量为什么能上亿？而且是网民自动转发，带来原播时几十倍的点击量？就是因为适应了这种新的传播形式。当然，我们还要落实意识形态工作责任制，加强管理，等等。还要防范风险。面对网络斗争，我们不能太天真。我也不回避红黄蓝幼儿园事件，幼儿园存在问题我们就去解决，但有的人偏偏把这事和军队扯到一起，在网上说什么"老虎团"、虐童之类的。后来查实这个网站是在国外，公司注册也是在国外。为什么要这么干？因为让军队"背锅"容易煽动对立情绪。所以，对造谣传谣者，我们绝不能姑息，绝不能放纵他们。不仅是造谣传谣的，还有像郭美美这样的人，我们不能让他们成为网红，成为所谓的"大V"。

现在网上有很多人说，特别是一些女士说，就觉得在中国是最安全的。确实是，很多时候中国之治和国外之乱形成鲜明的对比。因为我们国家的管理是从我们的国情出发的，党和政府知道怎么造福人民、怎么使社会安定、怎么能够更好地发展。就拿枪支管理来说，美国每年发生那么多枪击事件、死那么多人，但是能管住枪支吗？管不住，国会就通过不了。但是我们这么大的国家、这么多的民族、这么多的人口，如果也这样，怎么得了？

所以，我们在互联网方面也要走出一条有中国特色的治网之道。有人说，中国网络管理这么严格，又开世界互联网大会，跟互联网倡导的自由怎么去统一？我说，我们中国走出了一条自己的治网之道。一方面，在互联网上，我们要允许、鼓励信息充分自由地流动，但要有序地流动，我们讲究秩序之美。近些年来，中国网民之多、网站之多、互联网和数字经济发展之快，说明我们把这两者很好地协调起来了，走的这条道路是行得通的，有我们的成功之处。另一方面，我们坚持走好网上的群众路线。在互联网的治理上，我们刚组建国家互联网信息办公室的时候，互联网对我们来说是一个全新的事物，好多管理的措施特别是法律法规没有跟上，这时候主要是靠行政部门的管理。后来开始落实管理部门的责任，要求网站尽好网站的责任，不能开饭店只管开饭店，饭店的饭有没有营养甚至有没有毒你也不管，只管赚钱，把责任都推给政府，这样不行。互联网企业也必须尽到办网的责任。随着法治的完善，我们要求依法来管理网民，最终实现依法治网、网站自净和网络自立。2017年6月1日，《中华人民共和国网络安全法》正式实施。不仅我们这样做，欧美国家现在也感受到乱象，它们也开始在这方面制定相关的法律，加强管理。

十九大报告中专门讲到总体国家安全观。国家安全包括外部安全和内部安全、传统安全和非传统安全等，其中网络安全就属于非传统安全。我昨天跟360的董事长周鸿祎一起参加活动。他讲1000行编程代码一般有3—5个漏洞。只要是人来编程，编这个代码，漏洞就不可避免。有漏洞就可能受到攻击、受到威胁。长期下来，好多威胁就可能潜伏下来，病毒不知道什么时候发作，网站不知道什么时候被攻击。现在关键技术、基础设施都在网上运行，也成为网络攻击的主要目标。还有一个，我们的党政机关和重要部门的重要信息产品和服务严重依赖国外，这也是当前我们在网络安全上面临的较大风险。前些年，因为互联网刚开始发展，我们主要是采购外国的产品，而且那时没有"网络安全"这些概念，从操作系统、应用软件到数据库，从搜索引擎到无线通信技术，几乎都有外国企业的影子。再一个，数据资源日益聚集，数据隐患日益凸显。一些互联网企业掌握的数据资源就不得了。世界和平的时候好说，如果风云突变怎么办？而且有些企业是外国资本控制的，这些问题不能不引起我们深思。这些情况都是很现实的。2017年5月勒索病毒爆发，150多个国家的几十万台计算机被感染，导致一些医院不能看病、加油站不能加油。乌克兰电力系统遭到破坏，也是黑客捣的乱。包括前些年伊朗核电站被美国黑客入侵。这些都是活生生的现实。

我们要树立正确的网络安全观。网络安全是整体的而不是割裂的，是动态的而不是静态的，是开放的而不是封闭的，是相对的而不是绝对的，是共同的而不是孤立的。守护互联网安全不会一劳永逸。只要人工编程就会存在漏洞，有漏洞就有危险。另外，互联网是一点接入、全网分享，这是最大的特点。只要一点被攻破，全网皆破。我们要增强网络安全预警能力，因为不知道敌人在哪里，甚至敌人是谁都不知道。我们溯源能力差，有人就借个跳板，栽赃嫁祸于我们。但是如果溯源能力强，就能知道你在哪一台计算机上的网，用的什么手法，最后追踪到你，包括你是什么人、什么职业，都能知道。要增强对网络安全威胁的反制能力，把网络安全法贯彻落实好。

信息化发展的目标是什么？就是建设网络强国、数字中国、智慧社会，推动中国互联网、大数据和实体经济深度融合，发展数字经济、共享经济，培育新增长点，形成新动能，用新动能推进新发展。要大力发展信息技术，核心技术、关键设备要掌握在我们自己手上。另外，要开发利用数字资源，推进国家治理体系和治理能力现代化，打破"信息孤岛"，实现信息互联共享。在这方面，我们国家有一系列的规划和重大项目安排，我在这里就不展开讲了。

最后谈谈互联网国际治理。2017年12月3—5日，第四届世界互联网大会在我国的乌镇召开。2014年，在我国召开了第一届世界互联网大会。当时美国人根本不屑一顾，认为互联网是美国人发明的，中国怎么能搞世界互联网大会？还嘲笑我们只能搞局域网大会。结果第一届世界互联网大会有100多个国家和地区参加，美国"八大金刚"都来了，都看中了中国的市场，看中了中国互联网发展的势头。经过这些年的发展，我们的移动互联网事业取得了巨大成就，特别是5G技术，将以中国标准为标准。每一届世界互联网大会，习近平总书记不是发贺词就是亲临会场。特别是在第二届世界互联网大会上，他提出推进全球互联网治理体系变革的四项原则和构建网络空间命运共同体的五点主张，得到与会各国的热烈响应。现在，世界互联网大会一票难求，除了论坛，还有博览会，报名参加乌镇博览会的有400多家企业，还有最新科技成果发布。互联网领域的最新科技成果是引领潮流的，现在大家都愿意拿到乌镇这个平台上发布。在国际互联网领域，我们要增强话语权。因为这个领域是一个全新的领域，发展又这么快，有这么大的市场，不像其他领域已经被以美国为首的西方国家霸占了，我们没有话语权，要打破原来的话语体系很难。

今天就和大家交流这些，讲得不当的地方请大家批评指正。谢谢大家。

▶▶ 现场互动撷英

北京大学法学院 2015 级本科生：我们都知道，民众发声并不能完全靠传统媒体，有时候是他们在微博上面曝光了一些事件，比如现在大家都很关注的红黄蓝幼儿园事件。但确实有那种微博，我们一秒之前看还在热搜上，一秒之后就下去了。请问您怎么看这种下热搜的事件？

任贤良：我们是一个后起的互联网大国，特别是我们国家有这么多的网民——将近 7.5 亿网民，很快就 8 亿了，他们在网上网下互动。《中华人民共和国网络安全法》明确规定，任何个人和组织使用网络应当遵守宪法法律，遵守公共秩序，尊重社会公德，不得危害网络安全，不得利用网络从事危害国家安全、荣誉和利益，煽动颠覆国家政权、推翻社会主义制度，煽动分裂国家、破坏国家统一，宣扬恐怖主义、极端主义，宣扬民族仇恨、民族歧视，传播暴力、淫秽色情信息，编造、传播虚假信息扰乱经济秩序和社会秩序，以及侵害他人名誉、隐私、知识产权和其他合法权益等活动。为了维护一个好的网络传播秩序，不能说谁声音大，或者谁消息发得最快，谁就可以在网上大行其道。要考虑维护良好的传播秩序，考虑保护弱势群体。我回答外国记者提问时也提到，有些东西我们也是跟外国学的，然后不断去完善。比如刚才我讲的红黄蓝幼儿园事件，你有意见，哪怕是批评意见，可以在网上反映，我们保护你这种发言的权利。但是对那些造谣的，特别是恶意造谣的，上来就说是"老虎团"的，甚至胡扯到虐童、性侵的，当然就得依法管理。这个没有什么疑义。法治就是要维护公共秩序。网络空间也是公共空间，我们就得维护网络空间的公共秩序。

中央财经大学马克思主义中国化专业博士生：我是河北平山人，跟任主任应该是老乡。习近平总书记比较强调网络主权，所以我想请任主任结合实践给我们讲一下，网络主权的理念在西方国家的影响力如何。谢谢！

任贤良：我刚才讲过，一开始互联网是美国人发明的，13个根服务器，有10个在美国，它从根上掌握着互联网。在这种情况下，它讲网络无国界，其他国家能觉得平等吗？中国也好，第三世界国家也好，包括欧洲，都不会觉得平等。欧洲想搞一个欧洲网，就是想摆脱美国的操控。但是现在互联网已经形成了，你搞一个别的网，还是得接入互联网。所以我们强调网络虽然无国界，但是网络管理必须得有主权，不然就是美国人一统天下。网络管理有主权，这个理念已经得到世界大多数国家的认可，只不过有的国家迫于美国的压力，不得不附和它，但是离开美国到中国后就是另一种说法了。在世界互联网大会上，习近平总书记提出的四项原则、五点主张得到与会国家的高度赞成。如果在世界互联网大会这样一个平台上不能有一些共识，那这个会就很难开下去了。会议越开越好，就说明共识越来越多了。

提问：有一种理论叫"头痛医头，脚痛医脚"，还有一种理论叫"头痛砍头，脚痛砍脚"。对于网络谣言问题，我们现在的处理方式就像是"头痛砍头，脚痛砍脚"。谣言对社会的影响可以很大，也可以很小。如果舆论引导非常好，就不会造成很大的影响。现在为什么要把出现谣言的所有话题全部都封禁掉呢？您刚才说的管理谣言肯定是件好事，但是我们看到微博上有很多事件，被撤下热搜几天、几周或者几个月后就完全销声匿迹了。有些事件上了热搜，又被撤下热搜，说是谣言。我们觉得有时候可能真的是谣言，有时候也有一点事实在里面。这些事件被撤下热搜、销声匿迹之后，我们还是不知道到底是谣言还是真相，还是部分谣言、部分真相。我的问题是：我们在管理网络信息的同时，会不会对网络信息所反映的问题进行一些司法检查之类的调查？会不会在后续把针对这个事件的调查和处理结果予以公布？只有公布了，我们才不会另作一些揣测。我觉得没有官方的定论，才是造成我们恐慌的根源。谢谢您。

任贤良：这位同学的建议很好。对网络的管理具有滞后性，总是在事情发生以后我们的管理才跟上，甚至有时候跟不上。大家知道，短短20年的时间，我们一下发展成一个互联网大国，一下子有500多万家网站、几千万个公众号、上千万个客户端、七八亿的网民，但在管理上，我们的法律不完善，好多管理的措施跟不上，确实也存在短板和不足。正是在这种情况下，我们要不断完善网络立法，不断强化管理措施，也要不断完善管理手段和管理形式。比如像你刚才说的那样，除了辟谣、封杀谣言之外，还应当把治理的效果及时向大众公布，把政府管理的结果向大家通报，增强大家对治网管网的信心。互联网是大家共同的网络空间，是大家共同的精神家园，所以管理、治理互联网也需要大家共同努力。

北京科技大学日语系大三学生：之前团中央老师给我们上课时说过一句话，说你能看到的世界其实是某些媒体想传达给你的他们的世界观和价值观。我们青年对世界的认识源于媒体或者网络上发布的消息，是别人推到我们的手机里面来的，但是某些媒体却刻意掩盖比较正能量的东西，只把关注点放在社会阴暗面。对此，您怎么看？

任贤良：大家知道，互联网网站也好，企业也好，最担心的是资本操控舆论。社会上有人认为，有资本在操控舆论，把它不想呈现给公众的东西屏蔽了，把它想推荐给公众的东西置顶了。这种担忧不是毫无根据、毫无道理的。

怎么防止特别大的互联网企业进行垄断？怎么防止资本操控舆论？国家也在进行调研，会通过出台相关的法律、采取相应的措施防止这种现象的发生。

主编按语

任贤良先生的报告紧紧围绕网络强国思想展开，从网络对国家的重要性、推进网络强国建设、怎么管好互联网等方面展开了论述。

从1994年全面建设互联网开始到现在，中国已经成为互联网大国，互联网已经成为国家生活的极其重要的内容，成为舆论斗争的主战场、主阵地、最前沿。所以，必须要管好网络空间，使得中国特色社会主义建设有良好的社会环境。

那么，如何管好互联网？他认为：其一，要牢牢把握正确的政治方向，即坚持中国共产党的领导；其二，要牢牢把握正确的舆论导向，即有利于实现中华民族伟大复兴；其三，要牢牢把握正确的价值取向，即坚持社会主义核心价值观；其四，要搞好网络内容建设，注意传播手段的建设和创新，提高网络媒体的传播力、引导力、影响力、公信力。

报告指出，习近平总书记关于网络强国的重要论述是新的历史条件下马克思主义基本原理与我国互联网治理实践相结合的产物，是党中央治国理政新理念新思想新战略的重要组成部分。

这个报告对于读者了解新时代网络治理的方向、内容、方法具有重要的意义。

中国的法治道路怎么走

徐显明

十三届全国人大监察和司法委员会副主任委员。曾任中国政法大学校长、山东大学校长，十二届全国人大法律委员会副主任委员，中央政法委员会副秘书长，中央社会管理综合治理委员会办公室专职副主任，最高人民检察院副检察长、检察委员会委员。兼任中国法学会副会长、中国法理学研究会名誉会长、国际法律哲学与社会哲学协会中方主席、教育部高等学校法学类专业教学指导委员会副主任委员、中美法律教育联合委员会中方主席，以及北京大学、浙江大学、武汉大学、吉林大学、中国政法大学等校兼职教授。

各位老师、同学们好！今天我和大家交流一下中国的法治道路怎么走的问题。

/ 一 /

首先，我们以古代中国、近现代中国、当代中国为时间段，分别考察一下法治与中国历史上的治国理政。

古代中国在治国理政上，曾经领先西方1800年，只是到了近代，我们才落后于西方。中国是世界上运用法律手段来管理国家的历史最悠久的国家之一。现在法学家们研究的大陆法系、英美法系，都要比中华法系晚得多。世界五大法系中，中华法系独树一帜。另外几个法系都与神有关，离开了神就没有西方的法。而中华法系最独特的一点就是法与神分离。我们的祖先们早在2000多年前就知道，法和神可以分开，敬神不如敬天，敬天不如敬人。敬什么样的人呢？敬最有道德的人，让最有道德的人来管理国家、制定法律。据此，中国形成了道德和法律两者互为表里的传统，这个传统就是中华法系最重要的特点。

这个思想是一步一步成熟、发展起来的。春秋战国时期，齐国较早采用了法家思想，管仲就是法家的鼻祖。齐国采用法家的思想后，国力迅速强盛。战国时，齐国荀子开设稷下学宫，将天下有才之人聚集于此，荀子做稷下学宫的祭酒，就相当于今天的校长。他集诸子百家之长，形成自己的政治法律思想，最早提出来"隆礼重法"的思想。左手举其礼，右手举其法，礼法要结合，这就是中国最早的礼法结合的思想。荀子有两个学生——李斯与韩非，他们两个把法家的思想发挥到极致，使得秦国重法轻礼。根据1975年在湖北云梦发现的秦简的推算，秦代的法律条文大概有17000条。秦代基本上做到了事无大小，一切依法办事。

但是，秦代依法办事的结果是什么呢？二世而亡。所以，汉初刘邦取得了天下后，不是简单地采用秦代的严刑峻法，而是"约法三章"。在今天看来，"约法三章"可以说是世界上最简陋的法，"杀人者死，伤人及盗抵罪"，刘邦就用这两句话治理天下。但是在他统治后期发生了七国之乱，这就证明法律太简略也不行。于是，刘邦命萧何作《九章律》。到了汉武帝时期，董仲舒发明了"德主刑辅"的治国理论，即治理国家以德为主，以刑（以法）为辅助。汉武帝就将"德主刑辅"作为自己的治国之道。

"德主刑辅"的思想影响了汉律、晋律、隋律。到了唐代，唐律的制定全面吸收了历史上的经验和教训，天下所有的事都要用礼和法来调整，"礼之所去，刑之所取"，凡是道德调整不了的就用法律，"出礼而入刑"，礼法结合就形成了唐律。唐律是中华法系的最高代表，对世界其他国家的法律产生了重要的影响。日本的《大宝律令》，其实就是中国唐律的翻版。所以，德法结合就是中国古代的治国之道。

所以，从中西制度文明比较上看，中国领先西方至少有1800年。在1800年前，中国的制度文明是先进的，西方是向中国学习的。例如，英法的文官制度就是向中国学习的。文官制度先被法国人学了过去，后来又变成了英国的制度，渐次又变成了美国的制度。

近现代中国开始学习西方的法律来治理国家，这个过程很漫长，是在西方的侵略和挑战的压迫下开始的。自鸦片战争之后，中国人开始不断地思考：中国为什么落后于西方？这个过程大致分为三个阶段。第一个阶段主要在1840—1895年，学习西方的器物、技术；第二个阶段发生在甲午战争后到新文化运动前夕，主要学习西方的制度、法律；第三个阶段是在辛亥革命之后的新文化运动，主要学习西方的思想文化。

我们学习西方的法律制度开始于甲午战争。甲午之战的失败，使得中国的知识分子重新思考：我们失败在哪里？最后得出的结论是：不是我们器物、技术不如西方，而是我们的制度落后了，所以我们一定要学西方先进的制度，于是"公车上书"、戊戌变法、清末修订法律接踵而至。从 1903 年开始，中国大规模地进行法律变革，清政府任命沈家本为修律大臣。他说中国和西方相比，在制度、法律上应学而不学谓之愚，应改而不改谓之过。当时很多人开始主张修改法律，包括光绪皇帝在内，所以中国就开始了大规模的向西方学习法律制度的运动。

中华法系的特点是诸法合体。例如唐律，一共 502 条、12 章，这 502 条包罗万象，刑法、民法、诉讼法混在一起，刑民不分。晚清政府开始将诸法合体的法律体系改为部门法体系，分设刑法、民法、诉讼法等。辛亥革命推翻了清政府，1912 年南京临时政府制定了《中华民国临时约法》，这是中国近代的第一个具有共和性质的宪法。但辛亥革命之后，人民并没有获得权利和自由。后来，中国的政治体制就像走马灯一样，换来换去：总统制试一试，不行；两党制试一试，不行；共和制试一试，还不行。1927 年后，国民党建立的国民政府选择的是自由主义，全部移植西方的法律，在移植过程中注意兼顾英美法系和大陆法系。1928 年后，国民政府开启了大范围的制定法律的工作。民法的制定就在这个时候开始了。在移植大陆法系国家法律的时候，国民政府注意平衡，将哈佛大学法学院的院长庞德请到国民政府做顾问。庞德了解的法律是英美法系，他想把英美法系和大陆法系结合起来，这就形成了国民党的《六法全书》。

中华人民共和国成立后，中国法治建设进入了崭新的阶段，当代中国更是进入到中国特色社会主义法治建设的新阶段。1949 年 2 月，中共中央发出《关于废除国民党的〈六法全书〉与确定解放区的司法原则的指示》。国民党的《六法全书》被废除了，不废除就无法产生新中国，所以 1949 年的元旦社论主题就是废除国民党的《六法全书》。1949 年之后，国共两党又进行了谈判，双方派出的谈判代表在最后一个问题上谈不下来了：蒋介石要求谈判代表一定要坚持国民党的宪法和法统，而共产党的谈判代表则坚持废除国民党的宪法和法统。这一场谈判注定是要破裂的。新中国成立后，我们废除了旧法统，逐步建立起社会主义法治体系。这个过程大致可以分为以下几个阶段。

第一个阶段，从1949年中华人民共和国成立到1957年。这个阶段制定的各种各样的法律有370件左右，中国的法律基本步入正轨。1949年，中国人民政治协商会议第一届全体会议通过了《中国人民政治协商会议共同纲领》，该纲领就是临时宪法，是中国共产党法统的开始。我们依据《中国人民政治协商会议共同纲领》产生了中华人民共和国，产生了中华人民共和国中央人民政府，开始治理国家。这就是我们今天法律制度的源头。

从20世纪50年代初开始，毛主席就一直关注制定《中华人民共和国宪法》。但是1950年、1951年出现了比较大的自然灾害，这期间抗美援朝战争亦对国家产生重大的影响。1953年，抗美援朝战争胜利了，7月25日签署停战协定，很多人认为毛主席会把主要精力放在百废待兴的经济建设上，但毛主席说要抓紧制定中国的宪法。从1953年12月27日到次年2月17日，毛主席带领大家在杭州起草了《中华人民共和国宪法》，也就是后来所说的"五四宪法"。

"五四宪法"起草的过程很艰难，把西方发达国家的宪法、社会主义国家的宪法、清末"预备立宪"以来包括国民党的宪法都拿来参考。起草小组先研究，后借鉴，最后形成了"五四宪法"的草案。草案形成后，面向全国征集意见。共有一亿多人参与了这个宪法的讨论，征集到的各种各样的意见有100多万条。所以，"五四宪法"真正体现了人民意志的一致，是今天我们法律的源头。之后又产生了若干部宪法，比如"七五宪法""七八宪法"。我们今天的宪法则是"八二宪法"，"八二宪法"就是以"五四宪法"为基础重新起草的，"五四宪法"里好的原则、好的精神、好的制度全部体现在我们今天的宪法当中。1956年，中国共产党召开第八次全国代表大会，将"有法可依，有法必依"确立为法治建设的基本方针。

第二个阶段，从1957年到1976年"文化大革命"结束。在这20年里，我们忽视了法治。前10年在要不要法治上徘徊，后面的"文化大革命"10年砸烂公检法，是法律被破坏的时期。

第三个阶段，从改革开放到 1997 年。这段时间是中国法治的恢复和重构时期。这一时期，我国法治发展突飞猛进，特别是 1979 年，全国人大一次就通过了七部法律，这在世界立法史上是从来没有过的。为什么截止到 1997 年呢？因为 1997 年党的十五大召开，法治理念发生了重大变化。1997 年的 3 月，李鹏在《政府工作报告》中提出"依法治国，建设社会主义法制国家"，用的是"制度"的"制"。1997 年 9 月 12 日，党的十五大召开，江泽民作报告的时候还是说了这句话，但改了一个字，"依法治国，建设社会主义法治国家"，"制度"的"制"变成了"治理"的"治"。"法制"和"法治"，这两个词在英文里是可以区分清楚的，"法制"是 Rule by Law，"法治"是 Rule of Law。所以，将 1997 年作为一个时间节点，这是原因之一。习近平总书记有一个评价，说从"法制"到"法治"这一字之改，预示着中国共产党的执政理念和执政方式发生了一次飞跃。所以，我们把 1997 年作为中华人民共和国法治建设的一个时间节点。

第四个阶段，从 1997 年到 2012 年。这是社会主义法治国家建成的时期，这个时期最大的法治成就是形成了中国特色社会主义法律体系。1978 年，全国生效的法律包括宪法在内总共只有 8 部。2012 年时，我们的法律达到了 250 部。而今天，我们一共有法律 262 部、行政法规 680 部、地方性法规8000 部、政府规章 11000 部。我们形成了一个覆盖所有社会生活领域的、以宪法为基础、以七个部门法为分支的完整的中国特色社会主义法律体系。我们用 30 多年的时间就走完了西方用 300 年甚至 400 年才能走完的立法道路，堪称人类法制史上的奇迹。

在法律数量上，西方无法和我们比。英国历史上总共没几部法律；美国的法律多，但是全国性的、法典性的法律很少；大陆法系的法国至今有 60 部左右的法律；日本从明治维新至今有 210 部左右的法律；德国至今也就 230部左右的法律。

中国的法治道路要坚持自上而下和自下而上结合的方式和方向，不能简单地模仿外国模式。

西方国家的法治道路的形成方式有以下两种：

第一种，自然演进的模式。英国的法治道路从 1215 年的《自由大宪章》算起，到现在已经 800 多年了。美国建国有 240 年的时间，它的法律体系是自然演进过来的。中国能不能像西方那样？我们也用两三百年，甚至用七八百年的时间自然演进呢？肯定不能，这条路我们不能走，否则我们就无法奋起直追！

第二种，日本、新加坡、韩国模式。现在日本的宪法是美国人帮助制定的，韩国的法律也是受美国的影响而形成的，新加坡则是把英国的那套制度直接拿过来用的。这个模式的特点就是按照自上而下的方式推行。这条路我们也不能走！

中国的法治道路要坚持自上而下和自下而上相结合。所谓自上而下，就是中国共产党统一领导，带领人民走法治道路；所谓自下而上，就是依靠人民来推动法治改革。改革开放 40 多年来，我们的法律就是走了自上而下的领导和自下而上的推动的道路。

中国的法治建设要设置阶段性目标，在 2025 年前后，我们要争取建成法治国家、法治政府、法治社会。到 2050 年，我们要成为法治强国，完全建成中国特色社会主义法治体系，完全建成社会主义法治国家。

/ 二 /

"法治中国"这几个字凸显了中国特色社会主义的制度优势。改革开放 40 多年，我们创造了三大奇迹：

第一，经济奇迹。新中国成立之初，我国人均 GDP 只有 26 美元，是全世界最贫穷的国家；改革开放之初，我国人均 GDP 只有 156 美元，排在世界倒数第七位；2018 年，我国人均 GDP 接近 1 万美元；到 2020 年的时候，我国人均 GDP 毫无疑问会超过 1 万美元，中国毫无争议地进入中高等收入国家的行列。

第二，中国保持了长期的安全与稳定。改革开放 40 多年来，我国社会基本上是稳定的。稳定以安全为标志，中国现在是世界上最安全的国家。每 10 万人中发生的命案，瑞士是 0.6—0.8 起，日本也是 0.6—0.8 起，现在进入到这个行列的第三个国家就是中国。刑事案件当中每 10 万人中死亡的人数，我们是世界上最低的，美国几乎是中国的 10 倍。在我们这个 14 亿人口的大国，每年只有 100 万起左右的刑事案件，而美国一年则是几千万起。美国的警察每年用枪击毙的美国公民达到 3 万人左右，美国每年死于枪下的人是全世界最多的。

在反恐问题上，西方刚开始是不愿意和中国合作的，但现在都纷纷来找中国合作。自 2014 年以来，中国内地没有发生过一起暴恐案件。这也是一个奇迹。在法国巴黎，一年中就有四起暴恐案件；英国的暴恐案件已经搞到了议会门口；德国从南到北都发生过暴恐案件。西方的一些人士曾经问我：中国每年那么多万人以上的集会，大事也不出，小事也不出，你们是怎么做到的？我告诉他们，中国的制度能够决定我们大事也不出，小事也不出，这就是我们的优势。

第三，中国形成了完整的法律体系。完整的法律体系保证了我们社会的安定和安全，法律的奇迹与社会的安全和稳定的奇迹保证了我们经济的快速发展，所以这三者之间是有因果关系的。

英国女王向牛津大学和剑桥大学获得诺贝尔奖的经济学家咨询研究中国问题。经济学家说想研究中国，但不知道怎么研究；只看到中国的快速发展，但搞不清楚是什么原因。女王告诉他们一个方法，就是研究中国的经济发展必须和研究中国的政治制度结合起来。

西方经济学在解析中国现象的时候显得苍白无力。世界贸易组织总干事曾说过，纵观世界，30 年以来，在经济上犯错误最少的国家是中国。美国犯了大错误，给世界金融带来了危机；日本犯了大错误，长达 20 年沉默不起；欧洲也犯了大错误；只有中国 30 年基本上没有犯错误。这是什么原因？这是因为中国有一套以完整的法律体系为基础的成熟的制度。

中国为什么要走法治道路？这是西方百思不得其解的问题。中国共产党、中国人民坚定不移地选择法治这条道路，有三个重要的理由：

第一，从中国共产党自身执政的经验和教训看，我们必须选择法治。总结新中国 70 年的法治历程的经验，我们得出一个结论：法治兴，国家就兴；法治衰，国家就衰。奉法者强则国强，奉法者弱则国弱。习近平总书记讲，我们什么时候重视法治就国泰民安，我们什么时候忽视法治就国乱民怨。我们自己的经验和教训告诉我们，必须选择法治。还有一句话是，我们尝到了奉行法治的甜头，我们也吃够了破坏法治的苦头，这是我们通过自己的经验和教训得出来的结论。

第二，解决中国当下重大的问题必须依靠法治。党的十八届四中全会结束时，习近平总书记有一个重要讲话，他一口气讲了二十几个中国当下的问题。解决这么多的问题，依靠什么？靠法治！社会主义法治必须坚持党的领导，党的领导必须依靠社会主义法治，包括坚持党的领导在内也必须依靠法治。

习近平总书记在那次会议上讲的二十几个问题，我在这里挑几个重要的给大家介绍一下。

一是解决市场和政府之间的关系要靠法治。政府和市场之间的关系是经济学永恒的主题。但是政府和市场离开法治能够处理好关系吗？我们今天的判断是，市场经济就是法治经济，离开了法治就没有市场经济。因为政府这只手是看得见的，而市场那只手是看不见的，这两只手只有在法治之下才能交互作用，只有通过法治才能把这两只手都规范好。

二是促进社会的公平正义要靠法治。社会公平是社会正义的基础。社会的公平正义靠什么来实现？靠什么来促进？靠什么来保障？没有别的选择，只有靠法治。立法是分配社会的公平正义，执法是落实社会的公平正义，守法是实现社会的公平正义，司法是校正社会的公平正义。法治基本上所有的环节都是为社会的公平正义而准备的，只有法治能够保障、促进实现社会的公平正义。

三是反腐败要靠法治。腐败是中国最大的社会问题之一。构建不敢腐、不能腐、不想腐的体制机制，是反腐败的重要目标。第一类目标是让人不想腐。靠什么做到不想腐？靠理想信念和教育。大家想一想，从如何对待钱的角度，可以把人分为几类？孔子说，钱财物对他来说就当是不存在的。这样的人是圣人。这样的圣人在社会上有几个？比圣人低一个层次的是君子，"君子爱财，取之有道"。比君子再低一个层次的是：这个钱要分是不是他的，是他的他一定要拿来，不是他的给他也不要。这样的人是公民。比公民再低一个层次的是：钱在那个地方，他无时无刻不在惦记着。这样的人是小人。比小人再低一个层次的是：钱在那个地方，他就要把钱拿来。这样的人是小偷。如果这个钱有人看着，他还要把钱拿来，这就是强盗。所以不想钱的是圣人，圣人是少之又少的，君子有一大批，但是社会上更多的人应该是公民。不想腐要靠理想和信念，要达到圣人般的信念。第二类目标是不敢腐，在比较当中作利益的取舍。如果腐败了，利益受损更严重，就不敢腐。所以要从严治党，从严惩治腐败。第三类目标是不能腐，把权力关进制度的笼子里，让权力在阳光下运行，使权力行使有制约、有监督。不能腐靠什么？只能靠法治。

所以，解决上面这些重大问题的出路都在法治，其他的都靠不住，这是第二个理由。这个理由中国共产党人认识到了，所以习近平总书记说，法治是人类迄今为止最好的治国理政的方式。

第三，为我们的子孙万代谋，为中国共产党执政的千秋万代计，必须要依靠法治。在党的十八届四中全会结束的时候，习近平总书记举了两个例子，这两个例子使在场的人听了以后都振聋发聩。第一个是斯大林的例子。苏联共产党为什么垮台？原因在于从 1936 年开始，斯大林破坏法治，要人治不要法治。习近平总书记引用了邓小平的话，邓小平引用了毛泽东的话，毛泽东曾经讲过斯大林破坏法治。这种情况在英国、法国和美国是不可能发生的。时代进步到了今天，能允许这种情况在共产党内发生吗？第二个是铁托的例子。习近平总书记不止一次讲过铁托的例子。铁托是南斯拉夫的英雄，他犯的最大的错误就是要人治不要法治，最后的结果就是铁托没了，南斯拉夫也没了。现在世界上已经没有南斯拉夫这个国家了，南斯拉夫被一分为三。

我得出的结论是：作为一个党的领导人，如果要人治不要法治，最终会亡党；作为一个国家领导人，如果要人治不要法治，最终要亡国。所以，中国共产党要吸取国际共运史上的这两个教训。习近平总书记还讲过殷鉴不远，我们自己也发生过类似的错误，就是"文化大革命"。

所以邓小平说，"这么大的党，这么大的国家，把希望寄托在一两个人身上是很危险的，还是法治靠得住"。要法治不要人治，就是中国共产党人认识到的一个规律。所以，为了我们的子孙万代，为了我们党长期执政，必须走法治道路。

这三个理由，一个是历史的理由，一个是当下的理由，一个是面向未来的理由。我跟外国朋友、外国的法治部门的领导人讲，中国搞法治不是搞给你们看的，不是为了博得你们的掌声，我们是实实在在地搞法治建设。所以，中国共产党选择法治这条道路，是历史的选择、人民的选择。

/ 三 /

中国特色社会主义法治道路怎么走？我认为，必须坚持十条原则。

（一）坚持中国共产党对全面依法治国的领导

党的十九大报告提出了"八个明确"，其中最后一个明确是：中国共产党领导是中国特色社会主义最本质的特征。2018 年 3 月 11 日宪法修改的时候，这句话被写到了宪法的总纲当中，宪法的第一条增加了一款，这一款的内容就是刚才这句话——中国共产党领导是中国特色社会主义最本质的特征。中国共产党的领导从序言进入到正文，从暗含变为明示。

如何理解"坚持中国共产党对全面依法治国的领导"呢？我把它概括为"一二三四"，具体来讲就是"一个根本""两个必须""三个统一""四个善于"。

"一个根本"：党的领导是社会主义法治的根本保证。

"两个必须"：社会主义法治必须坚持党的领导，党的领导必须依靠社会主义法治。

"三个统一"：第一，把依法治国的基本方略和依法执政的基本方式统一起来。第二，把中国共产党总揽全局、协调各方与各方依法依章程履行职责、行使职权统一起来。各方包括人大、政府、政协、监察委员会、法院、检察院。第三，把党领导立法和保证法律的实施与中国共产党在宪法法律范围内活动统一起来。

"四个善于"：这实际上是中国共产党领导国家、处理法律和政权关系的四门艺术。第一，要善于把党的主张通过法定程序上升为国家意志。通过法律来领导国家，这是世界通例，所有的执政党执政以后做的第一件事就是要把自己的意志变成法律，没有一个执政党不是这样做的。我到日本自民党总部，发现有两副对联，内容一副是贯彻安倍经济学，另一副是修改日本宪法。安倍经济学就是安倍关于振兴日本经济的一系列想法，就是自民党的想法，自民党要将它变成日本的法律。第二，要善于把党组织推荐的人选通过法定程序选为国家机关的领导人员。这也是世界通则，政治学的基本原理就是谁执政谁管干部。有时候我们也开特朗普的玩笑，说中国共产党人决不会像特朗普那样把自己的女婿和女儿都组合到自己的领导班子里。但是执政党管干部、组阁是各国政府的定律，中国共产党也不能例外。第三，要善于运用国家机关来实现党对国家和社会的领导。所有的国家机关、所有的社团都要设立党组织，党的意志就是通过它们得到贯彻的，这就说明中国共产党执政是在政权里面，不是在政权外面。第四，要善于运用民主集中制来维护中央的权威，实现国家和党的团结与统一。民主集中制是一项宪法原则，也是一项法治原则，中央的权威是通过民主集中制树立起来的。中国是单一制国家，这点我们和美国不一样。美国50个州，有51套法律，联邦1套，50个州各自都有1套；联邦有联邦的法官，州有州的法官；联邦有联邦的警察，州有州的警察。死刑在美国都统一不起来，现在26个州废除了死刑，24个州还保留着。保留死刑的州死刑标准也不一样，有的州对18岁以上的人可以执行死刑，有的州居然对14岁的人也可以执行死刑。所以，我们和美国人谈人权的时候，他们说中国的死刑太多。我们说在死刑数量上中国是比美国多，但是中国从来没有对孕妇和未成年人执行过死刑。美国人说算了，这个我们不谈了。

所以，坚持中国共产党对全面依法治国的领导，最后要落在四句话上：党领导立法，党保证执法，党支持司法，党带头守法。做到这四点，就能保证党对全面依法治国的领导。同时，要保证人民法院、人民检察院独立行使审判权、检察权，党要为这两个机关独立行使职权创造条件。

（二）坚持人民的主体地位

中国的法治是以人民为主体的法治，在目的上为了人民，在实施上依靠人民，在功能上造福人民，在运用上保护人民。要把公平正义始终作为法治的一条主线。不仅要让人民群众在每一个司法案件中都感受到公平正义，还要让人民群众在每一个法律制度当中、在每一项执法决定当中都感受到公平正义。立法要反映人民的共同意志，执法要保护人民的利益，司法要维护人民的权利。

人民的权利是我们一切法治的根本目的，简化成法学术语就是人权是法学的真谛，就是以人民为主体。这就回答了"法治是不是治老百姓的"这个问题。法治不是治老百姓的，而是老百姓拿它来治官的，是老百姓拿它来管理国家的。这就把我们今天的法治和中国历史上法家的法治分开了。中国历史上的法家主张的法治是治民的，我们今天的法治是人民拿来管理国家的。

（三）坚持中国特色社会主义法治道路

这条道路有三个核心要义。第一，这条道路有方向，就是中国共产党的领导。第二，这条道路有路基，就是中国特色社会主义制度，这条道路是在中国特色社会主义制度上建立起来的。第三，这条道路有理论，就是贯彻中国特色社会主义法治理论。

其中，"中国特色社会主义制度"中的"制度"不是一般的制度，而是指一些最基本的制度。第一项，中国共产党领导的多党合作和政治协商制度，即中国的政党制度，这是一项基本的政治制度。第二项，人民代表大会制度。这是我国的根本政治制度。只有人民代表大会制度才能实现党的领导、人民当家作主和依法治国三者统一。大家可能都知道辽宁贿选案，在这个案件中，有45名当选的全国人大代表拉票贿选，辽宁省产生的第十二届人大代表，有近半数人要么是花钱买来的代表资格，要么是他本人也行贿过别人，这就破坏了人民代表大会制度的基础。人民代表大会制度不是人民代表大会本身，它是由一系列制度组成的一个制度体系，基础是选举制度。选举制度出了问题，人民代表大会制度的根基就被破坏了。所以，中央决定把这个案子作为保卫人民代表大会制度的一个典型案例，宣布辽宁省通过贿选获得的人大代表资格无效，全部取消。后来发现，辽宁省人大常委会的常委也有一半左右有贿选行为，所以那些当选的常委也被撤销了资格。这一撤销，问题就出来了：辽宁省人大常委会无法运转了，瘫痪了。所以，中央决定由全国人民代表大会作出一个决定，创制式地进行安排，由中央成立了一个临时小组，代行辽宁省人大常委会的职权，直至辽宁省人大常委会恢复正常。第三项，以公有制为主体、多种所有制经济共同发展的基本经济制度。大家一定注意到最近关于邓小平的那些争论，一位大学教授居然说，改革开放40年了，民营经济、私有经济的历史任务已经完成了。这种观点把矛头直接指向了我们的基本经济制度，直接违背了宪法。我国宪法明确规定，国家在社会主义初级阶段，坚持公有制为主体、多种所有制经济共同发展的基本经济制度；在法律规定范围内的个体经济、私营经济等非公有制经济，是社会主义市场经济的重要组成部分。所以，我们的一些学者发表言论时，一定要有宪法意识。此外，还有民族区域自治制度、基层群众自治制度。中国特色社会主义法治道路就是以这些根本制度、基本制度为路基，在这个路基上铺出的道路。

坚持中国特色社会主义法治道路，除了要坚持上面讲的三个核心要义，还有五项必须长期坚持。

第一项是党的领导，第二项是以人民为主体，这两个刚才讲过了。

第三项，坚持法律面前人人平等。中国的法治和西方的法治有相通之处。世界上所有的法治，无论有多少特征，无论这个国家有多么特殊，只要讲法治，就一定有共同点，这个共同点就是世界上所有奉行法治的国家都坚持法律面前人人平等。这就是中国的法治能够和西方的法治打通的地方，也是中国特色社会主义法治道路的重要特点。比如反腐，党的十八大以来，没有"铁帽子王"，省部级以上干部被处以刑罚的超过百人，上到中央政治局常委、中央政治局委员，下到副部级干部。这就是坚持法律面前人人平等。

第四项，坚持依法治国和以德治国相结合。这是最鲜明的中国法治特色。我们把世界上的治国模式分为三种：第一种是英美法系、大陆法系的模式，叫作法治加宗教，因为它们的思想源头是相同的。法治处理人民的行为，宗教调整人民的心灵和灵魂，这就是西方的法治模式。第二种是中东和阿拉伯国家的模式，法律就是宗教，宗教就是法律。有的国家明确在宪法和法律上确定政教合一；有的国家即使政教分离，宗教和法律也是相互交集的。我曾经到过巴勒斯坦，这个国家没有自己的军队和海关，接待任何客人都要经过以色列的机场，但是这个国家的法律和宗教合一，当涉及一般的民事行为时，巴勒斯坦的最高法院、最高检察院基本上用宗教教义来处理；只有当涉及较大的公民的权利时，才会用法律来处理。宗教和法律相互交集，这就是第二种治国模式。第三种治国模式是中国人独创的，被称作"东方文明的瑰宝"，也被叫作"中国治国理政的瑰宝"，就是法治加德治。我刚才讲了中国历史上专认法治而失败的例子，此外还有专信德治而失败的例子，如周代，武王伐纣，最后的结果是天下大乱。所以，习近平总书记得出一个结论：中国历史上凡是法治和德治结合得比较好的，都能长治久安；凡是结合得不好的，要么短促而亡，要么天下大乱。短促而亡指的是秦代，天下大乱指的就是周代。德治加法治是老祖宗留给我们的一份宝贵的治国理政的遗产，我们要创造性地转化、创新性地发展。在这一点上，习近平总书记有若干警句。比如，法律和道德各有各的功能，各有各的作用，即"法安天下，德润人心"，他把道德和法律的作用用八个字说清楚了。对于法律和道德都是怎么形成的，他讲"法律是成文的道德，道德是内心的法律"，很有哲学意味。他又说"法律是调整人民行为的，道德是调整人的心灵的，法律和道德要相辅相成，相得益彰"。这些都是经典名言。

我曾经处理过一个案子，这个案子是新中国成立以来第一次用法律来解决意识形态问题。《炎黄春秋》的一个副主编，把狼牙山五壮士通过五篇文章解构掉了，得出的结论是狼牙山五壮士是土匪。有人通过文章把董存瑞解构掉了，还有人把和平时期的雷锋解构掉了。当我们党历史上、军队历史上的英雄人物都通过虚无的方式被解构掉了，这就涉及国家价值观的问题了。一个民族所产生的英雄，特别是为了民族解放和国家独立而牺牲的英雄，是这个民族记忆最宝贵的部分，这些英雄的事迹所展示的精神应该是公共利益。如果这些人被无情地解构掉了，就侵犯了公共利益。《炎黄春秋》的副主编是学历史的，他就以历史学家的身份来解构。当把狼牙山五壮士否了，就预示着把百团大战否了，就预示着把中国共产党在抗战中的中流砥柱地位否了。过去我们处理这类问题可能只用政治的方式，但是既然我们走上了法治的道路，类似这样的问题我们就要用法治的方式来处理。狼牙山五壮士的后代通过民事诉讼的方式起诉这个副主编侵犯了烈士的名誉权、人格权、尊严权，也影响了烈士后代的荣誉和名誉。这个案子最后经过人民法院的审判，最重要的两个判词是：第一，言论自由、学术自由是有界限的；第二，把民族的共同记忆，把民族的英雄和他们展示的精神认定为公共利益，侵犯公共利益就是违法的。所以法院判那个副主编要在媒体上向烈士的后代公开赔礼道歉。这个判决在中国法治史上具有重大的意义，即用法律的手段来处理意识形态问题。这个判决所产生的效果非常好，我们党学会了用法律的方式来治国理政。所以说，依法治国和以德治国相结合是中国法治最鲜明的特色。

第五项，坚持从中国的实际情况出发。中国的法治是解决中国问题的，要从自己的实际情况出发，不照搬西方那一套，不搞"三权分立""司法独立""宪政"，我们决不走西方的道路，在大是大非问题上要头脑清醒。比如，20世纪40年代，陕甘宁边区为什么叫"边区"？因为它是相对于国民政府而言的，事实上就是国民政府时期的"一国两制"。边区政府刚成立时，基本上还是按照国民党的法律来处理日常的民事、刑事纠纷。后来中国共产党提出一定要制定自己的法律，所以毛主席和谢觉哉两人商量要制定怎样的法律。毛主席有一个比喻非常贴切，说边区要制定自己的法律，这个法律不能成为泼来的水，泼来的水要么蒸发了，要么渗下去了，是留不住的。一定要使边区的法律成为从地下冒出来的水，冒出来的水就可以源源不断。这就叫作从中国的实际情况出发，不能照搬西方那一套，坚持走中国特色社会主义法治道路。

（四）坚持建设中国特色社会主义法治体系

法治体系是个原创概念，在法律体系的基础上发展为法治体系。这个体系是由五部分组成的，实际上就是这条道路要通向的目标。

第一，完备的法律规范体系。这指的是立法，从社会主义法律体系到完备的法律规范体系，立法完备是很难的，这条路还很长。

第二，高效的法治实施体系。法律制定出来了，必须有人来实施，实施就要求要执法、要司法、要守法，而且要高效实施。

第三，严密的法治监督体系。中国现在有一套监督系统，新出现的监督方式是在党的十八届四中全会开始考虑的，就是建立国家监察委员会，建立由党集中统一领导的权威、高效的反腐败体制和机制，建立严密的法治监督体系，实现对所有公共权力的全覆盖。当然，这里面有人大的监督，有人民检察院的法律监督，有司法机关的审判监督，有社会上的舆论监督，还有政治协商当中的民主监督。这些监督要形成合力，所以叫作严密的法治监督体系。

第四，有力的法治保障体系。这个保障体系主要指的是队伍保障——立法者队伍、执法者队伍、司法者队伍，这三支队伍是核心、是基础；后面还有两支队伍，一支是以律师为主体的法律服务队伍，一支是高等院校和研究所的法学教育和法学研究者队伍。这五路大军共同构成法治保障体系。

第五，完善的党内法规体系。形成完善的党内法规体系，体现了我们党治党治国理念的变化；把依法治国和依规治党有机统一起来，是中国法治道路的重要特点。现在我们已经形成了 140 部左右的党内法规。习近平总书记说，依规治党深入人心，依法治国才能深得民心。要把依规治党统一于依法治国当中，二者是互补关系。

这五个子体系合起来，就叫中国特色社会主义法治体系。建设中国特色社会主义法治体系，是我们走中国特色社会主义法治道路和全面依法治国的总抓手。

（五）坚持依法治国、依法执政、依法行政共同推进

坚持依法治国、依法执政、依法行政共同推进，坚持法治国家、法治政府、法治社会一起建设，这是我们全面依法治国的总体布局。依法治国关键有两点：第一，中国共产党依法执政；第二，各级人民政府依法行政。法治国家、法治政府、法治社会三者的关系是：法治国家是目标，法治政府是建设的主体和主要工程，而法治社会是建设法治国家的基础。这就是全面依法治国、走中国特色社会主义法治道路的一个总体布局。在中国，全面依法治国不能分领域、分部门、分地域进行，必须一体推行、一体建设，所以要增强全面依法治国的系统性、整体性和协同性。

我在中国政法大学做校长的时候，沿海一个发达省份的领导来找我说，他们省委作了一个决定，他们省要在中国率先建成法治省。我听完以后说："你的精神我非常的赞佩，但问你一个问题，你那儿建成法治省了，你的邻省

是什么省?"他不回答了。自己建成了法治省,但邻省是人治省,这就破坏了法治的整体性。后来我到这个省去调研,这个省省会城市的书记说:"根据省委的要求,我们在中国要率先建成法治市,因为本省是全国率先建成的法治省,省会城市当然就要率先建成法治市了。"我就问他理论根据是什么,他说没有理论根据,有实践根据,它们的法院和检察院非常给力,凡是外来的企业到本市打官司,没有一家能赢的。这叫什么? 这就叫司法权的地方化。当司法权为这个地方服务、为它的企业服务的时候,就已经背离了法治的初衷。

我们的法治国家是一个整体,法治国家建设有一个总体布局。在中国搞法治必须保证系统性、整体性和协同性,这是法治的统一性要求的。因此,要加强法治建设的顶层设计。

(六)坚持依宪治国、依宪执政

在党的十九届二中全会上,习近平总书记讲了宪法的重要性。宪法是什么? 第一,宪法是国家的根本大法。一个国家只能有一部根本大法,其他的顶多叫基本法或者叫一般法。第二,宪法是治国安邦的总章程。只有宪法是国家的政治法,其他的法都是部门法。第三,宪法是党和人民共同意志的集中体现。党的主张、党的意志和人民的意志是完全统一的。第四,宪法是全面依法治国的总依据。全面依法治国从全面实施宪法开始,要把全面实施宪法作为全面依法治国的首要任务和基础性工作。第五,宪法是党长期依法执政的总依据。现在中国共产党的领导地位已经在宪法当中明示出来了。习近平总书记指出,依法治国首先是依宪治国,依法执政关键是依宪执政,所以要坚持依宪治国、依宪执政。

(七)坚持全面推进科学立法、严格执法、公正司法、全民守法

这四句话就是全面依法治国的四个关键环节。在立法问题上,第一要民主立法,第二要科学立法。立法的核心是科学立法,科学立法就是要反映这个社会的规律,要寻找人们行为规范间的联系规律。第三要依法立法。国家的基本法只能由全国人大来立,基本法以外的一般法可以由全国人大常委会来立,

行政法规可以由国务院来立，地方性法规由地方人民代表大会及其常务委员会来立。

2018 年修改宪法后，设区的市被授予地方立法权，由此增加了 380 多个立法单位。中国大部分地级市都是设区的，只有三个市没有区，广东的东莞市从市一下到乡镇，甘肃的嘉峪关市和海南的三沙市也没有区。中国最大的市是三沙市，现在固定人口不到 4000 人，但是这个市管着 200 万平方千米的海域。尽管它是不设区的市，也被授予了地方立法权。到最后，另外两个市也都一起被授予了地方立法权。所以，现在所有的地级市都被授予了地方立法权，这就叫依法立法。

科学立法是关键；严格执法是建设法治政府的基础；公正执法，是要让人民群众在每一个司法案件中都感觉到公平正义；全民守法讲的是守法的普遍性，没有例外，所有国家机关、所有的机关人员、所有的公民都要守法。

（八）坚持处理好全面依法治国的辩证关系

这是走好中国特色社会主义法治道路的方法论。第一，处理好法治和政治之间的关系。政治和法治是密不可分的，没有一个国家的法治是独立的，所有的法治都和政治紧密结合在一起。马克思讲，"所有的公法都是政治术语的逻辑表达"。司法就是政治在市民生活当中的延伸，所以每一套法律的背后都有它的价值，价值的后面都有逻辑，逻辑都有起点，起点就是政治立场。

习近平总书记举过一个例子：美国的联邦大法官号称是"法官不党"，法官不能参加任何政党，其实我们研究了美国所有的大法官，所有的大法官都有政治地位，都有政治倾向。奥巴马当了八年总统，没有任命一个大法官，奥巴马说这是他最大的遗憾。特朗普一上来就有两次任命联邦大法官的机会，这个法官一定和他的党的倾向是一致的，所谓的法官不党、法官中立都是形式上的。处理好政治和法律之间的关系的核心是要处理好党和法之间的关系。这个问题处理得好，就党兴、国兴、民兴；这个问题处理得不好，就党衰、国衰、民衰。

到底是党大还是法大？这个问题，好多人都理解不了。我可以告诉大家，这是个伪命题，只要回答，就一定会落到人家的陷阱里。1985年我在山东大学开法理学课时，我就问我的学生："党大还是法大？"学生一定要找出个答案，我就告诉他们，这是个伪命题。党是一个政治集团，是一股政治力量，法律是一套规则体系，把两个性质完全不同的事物放在一起比较，这就犯了逻辑错误，违背了同一律，因此这是个伪命题。我跟我的学生说："泰山大还是黄河大？火车头大还是铁轨大？这也是没法回答的。"所以，无论回答"党大"还是"法大"，都会落到人家的陷阱里面去。如果回答党比法大，那么人家马上就说了，你看，中国肯定不是法治国家，只要有比法还大的东西，这个国家永远建不成法治国家。中国会被归到哪儿？中国会被归到人治国家这个行列里，这就是西方抹黑我们常用的手法。反过来，如果回答法比党大，人家更高兴了，那好，你赶快制定一个专门约束中国共产党的法律，要是制定不出来就别说这个话。所以，无论怎么回答，都会落到人家的陷阱里。但是权大还是法大，这个可以回答：法比权大。这是个真问题、科学问题、现实问题，所有的权力都来源于法律，所有的权力都要受法律制约，所有违背了法律的权力都要受到法律的追究。法无授权不可为，法定职责必须为。所以要把权力要装进法律的笼子里。

第二，处理好改革和法律之间的关系。过去我们奉行的是，凡要改革一定要突破法律，而现在所有的重大改革一定要于法有据，要在法律的引领下、推动下进行改革。反过来，要用改革完善法治。这就是改革和法治的辩证法。过去叫作不破不立，"破"字当头，立在其中；现在正好要反过来，叫作先立后破，不立不破。

第三，处理好依法治国和以德治国之间的关系。治国必须有两手，一手是硬的，一手是软的；一手管行为，一手管心灵。两者要结合。

第四，处理好国法和党规之间的关系。二者是相辅相成、相互补充的。党的十八大之后，我们的政治逻辑发生了一点变化：治国先治党，治党必从严。一个执政党如果治理不好自己，就治理不好这个国家。所以，党的十八大以后，中国最大的变化就是全面从严治党。

这四个关系是最核心的。其他还有一些关系也很重要，像维稳和维权之间的关系、社会秩序和社会活力之间的关系、民主和专政之间的关系、市场经济和法治之间的关系，这里面都是有辩证法的。

（九）坚持建设德才兼备的高素质的法治工作队伍

德才兼备的高素质的法治工作队伍是法治建设的主体工程，法治工作者一定要德才兼备。2017 年 5 月 3 日，习近平总书记视察中国政法大学，我作为陪同者也参加了。中国政法大学现在有接近 300 个本科专业，由习近平总书记亲自为一个本科专业讲怎么办好，这是唯一的一次。我们所有的教育都坚持立德树人，这是根本，但法学专业怎么办？在立德树人的基础上，习近平总书记给出了八个字："德法兼修，明法笃行"。在这次讲话中，习近平总书记讲法治人才培养是全面依法治国重要的一环。我们过去讲了四环，现在又增加一环。高校是法治人才培养的第一阵地。这就蕴含着还有第二阵地，第二阵地就是法治实务部门。法治是实践性很强的学科，法学教育必须深入国家的法治中。法治工作叫作政治当中的业务、业务当中的政治，所以要培养高素质、德才兼备的法治工作者队伍。这支队伍要忠于党、忠于国家、忠于人民，最后还要落在忠于法律上。要按照正规化、专业化、职业化的要求培养这支队伍。

（十）坚持抓住领导干部这个关键少数

这是中国推进全面依法治国和走中国特色法治道路关键的一招。为什么这样说？第一，所有的领导干部手里直接掌握着法治资源，要么是立法者，要么是执法者，要么是司法者。领导干部是利用法治资源推动法治建设还是为自己的利益服务，就决定了法治的性质。第二，所有的领导干部都在行使执政权，领导干部对法律的态度决定了法治的水平。第三，这是中国的传统。秦始皇的一大发明就是民以吏为师，老百姓都要向官员看齐。所以，领导干部怎样对待法律，老百姓就会怎样对待法律。领导干部是尊法、学法、守法、用法的典范，老百姓就会向领导干部看齐，也去尊法、学法、守法、用法。这个命题是习近平总书记2015年2月2日在中央党校省部级主要领导干部培训班上提出来的。他还讲了一个过程，过去我们在谈认识法律的规律的时候，把学法放在第一位，学法之后然后再尊法，然后再去守法，再去用法。习近平总书记说他经过反复思考，领导干部如果不尊重法律，就不可能去学法。不尊重法律也不去学法律，这样的人就是无法无天的，也不会守法，关键的时候也不会用法。所以顺序应该颠倒过来，领导干部应该先尊法，然后学法，再然后守法，最后是用法，要做这四者的模范。所以，现在对领导干部在守法问题上有了更高的要求。

这就是走中国特色社会主义法治道路要做到的十个坚持。有了这十个坚持，中国特色社会主义法治道路就能走通。

今天就讲到这里。谢谢大家！

▶▶ 主编按语

徐显明先生的这个报告可以用三句话形容：谈古论今，大气磅礴；立足中国，纵横世界；一气呵成，浑然天地。虽然报告时间达到三个小时，但听众依然兴趣盎然，意犹未尽！

他的报告主要阐述了五个方面的问题：一、法治与中国历史上的治国理政；二、构建中国法治体系的方式和方向；三、法治中国凸显中国特色社会主义的制度优势；四、中国共产党坚定不移地走法治道路；五、走法治中国道路必须坚持的十条原则。

这个报告视野开阔明亮、思想新颖深刻、内容丰富多彩、讲述清晰明白、说理透彻有力。报告用诗一样的语言精练、简短、准确地概括了中国近3000年的法治历程，以剑一般的思维拨开了一些人对于中国法治建设认识的层层迷雾，以铁一般的事实和逻辑展现了中国法治道路的现实奇迹和美好前景，使人对于中国特色社会主义法治道路更加充满自豪和自信。

新中国 70 多年中国共产党实现了哪些理论创新

冯俊 ....

中共中央党史和文献研究院原院务委员会委员。二级教授、博士生导师。曾任中国人民大学副校长、学术委员会副主任、哲学院院长（兼），中国浦东干部学院常务副院长，中共中央党史研究室副主任。

1949 年 10 月 1 日，毛泽东在天安门城楼上向全世界庄严宣告：中华人民共和国中央人民政府今天成立了！中国从此开启了实现国家富强、民族振兴、人民幸福的中国梦和中华民族伟大复兴的新征程。新中国成立 70 多年来，中华民族和中国人民在中国共产党的领导下，实现了从站起来、富起来到强起来的伟大飞跃，中国共产党将马克思主义基本原理同中国的具体实际相结合，在革命、建设、改革的伟大实践中，不断推进马克思主义的中国化，不断推进理论创新和指导思想的与时俱进。

　　伟大的实践孕育伟大的理论，伟大的理论指导伟大的实践。新中国 70 多年的伟大成就中，闪耀着党的理论创新的光辉，所以今天我和大家一起从以下四个方面来看看我们党的理论创新以及 70 多年取得的辉煌成就：第一，社会主义制度建设理论创新；第二，现代化建设理论创新；第三，世界和平与国际关系理论创新；第四，党的建设理论创新。

<h1 style="text-align:center">/ 一 /</h1>

　　先看社会主义制度建设理论创新。

　　中国共产党领导中国人民经过了 28 年艰苦卓绝的斗争，终于推翻了帝国主义、封建主义、官僚资本主义三座大山，建立了新中国，确立了社会主义制度。我们党明确中国要实行人民民主专政的国体和人民代表大会的政体，创造性地进行了社会主义三大改造，完成了由新民主主义革命向社会主义革命的转变，使新中国进入到社会主义社会，成功地实现了中国历史上最深刻、最伟大的社会变革，为当代中国一切发展进步奠定了根本的政治前提和制度基础。

　　我们可以从以下几个方面来观察中国共产党关于社会主义制度建设的理论创新。

　　第一，人民民主专政与社会主义制度的确立。毛泽东在 1949 年 10 月 1

日宣布了新中国的成立，但那时候新中国还不是社会主义社会，而是新民主主义社会。毛泽东在1940年1月发表的《新民主主义论》中畅想将来要建设一个新中国。不仅要把政治上受压迫、经济上受剥削的中国变成一个政治上自由和经济上繁荣的中国，而且要把一个被旧文化统治因而愚昧落后的中国，变成被新文化统治而先进文明的中国。由于当时中国的国情是半殖民地半封建社会，这就决定着中国革命的历史进程应该分"两步走"：第一步先进行新民主主义革命，建立一个独立的民主主义社会；第二步进行社会主义革命，建设社会主义社会。

1949年6月28日，在纪念中国共产党成立28周年之际，毛泽东发表了著名的《论人民民主专政》一文，指出要建设的新中国就是在工人阶级的领导下，结成国内统一战线，并由此发展到建立工人阶级领导的、以工农联盟为基础的人民民主专政的国家。我们国家要实行人民民主专政的国体。人民民主专政就是人民当家作主。人民是什么？在当时的中国，是工人阶级、农民阶级、城市小资产阶级和民族资产阶级。这些阶级在工人阶级和共产党的领导下，团结起来组成自己的国家，选举自己的政府。这里说的是人民民主专政，而不是无产阶级专政。因为无产阶级专政的对象就是资产阶级，而在人民民主专政的条件下，城市的小资产阶级、民族资产阶级属于人民的范围，人民民主专政的对象只是地主阶级和官僚资产阶级。所以，这是一种广泛的统一战线，人民的范围非常大，小资产阶级和民族资产阶级都属于人民，都属于当家作主的阶级。这就是当时人民民主专政的内涵。

1949年9月21日，在北平召开了中国人民政治协商会议，协商建国。人民政协是中国共产党领导的、以工农联盟为基础的、人民民主专政的统一战线的组织形式。1948年4月底，在河北平山县，党中央颁布了"五一口号"，号召先召开中国人民政治协商会议，再召开全国人民代表大会，之后再建国。当时解放战争刚刚结束，很多地方还没有完全解放，在全国各地推举人大代表是有困难的，所以由中国人民政治协商会议代行全国人民代表大会的职权，

《中国人民政治协商会议共同纲领》起着临时宪法的作用。中华人民共和国的成立体现了最广泛的统一战线，是一个大团结、大联合，标志着中国新民主主义革命已经取得胜利，开始进入向社会主义过渡的时期。

1949年中华人民共和国成立。从1949年至1952年是恢复重建时期，首先要建立基层的政权，进行土地改革和其他各项民主改革，要稳定国家的财政，还要剿匪、解放大西南、抗美援朝。从1953年开始，在过渡时期总路线的指引下，实现"一化三改"，即逐步实现社会主义工业化，对农业、手工业和资本主义工商业进行社会主义改造，从新民主主义社会转向社会主义社会。

1956年三大改造完成后，中国进入社会主义社会。从过程来看，中国革命要分新民主主义革命和社会主义革命两步走，实行人民民主专政而不是无产阶级专政，小资产阶级和民族资产阶级是人民的一部分，而不是专政的对象。要通过政协会议，由社会各界广泛参与协商建国。要通过逐步实现国家对农业、手工业和资本主义工商业改造的过渡时期的总路线，从新民主主义逐步过渡到社会主义，对资产阶级进行和平赎买。在公私合营阶段，通过让资本家从公私合营的企业中分一部分红利和股息的办法，逐步向社会主义过渡。农业合作社由低级社向高级社慢慢过渡，逐渐向社会主义过渡。这些形式都是中国共产党的独创，很多东西都是结合中国国情的创新。这表明新中国的成立、中国社会制度的确立具有理论创新性，丰富和发展了马克思列宁的科学社会主义理论。

第二，中国特色社会主义道路的探索。在1956年完成了生产资料私有制的社会主义改造，建立起社会主义制度之后，中国的经济、政治、文化该怎么建设、怎么发展？这是摆在我们党面前的一个新的问题。

在新中国成立之初，我们拜苏联为师，全面学习苏联，但是经过一段时间发现，一些对苏联来说可能是成功的经验，搬到中国来，却不一定适合中国的国情，会出现水土不服。这使我们党体会到，革命道路不能照搬外国的做法，建设道路也不能照搬外国的做法，还必须将马克思主义的基本原理同中国具体实际相结合，在借鉴外国经验的同时，要总结自己的经验，要探索中国建设社会主义的道路。在新民主主义革命时期，以毛泽东同志为主要代表的中国共产党人把马克思主义基本原理同中国具体实际结合起来，探索出农村包围城市的道路；现在搞社会主义革命和建设，毛泽东提出要进行"第二次结合"，从以苏联为师到以苏联为鉴，建设社会主义必须走自己的道路。所以在1956年，毛泽东花了好几十天的时间进行了大量的调研，从中央各个部委到各个省市区做了很多调研工作，形成了《论十大关系》这一著名报告，初步总结了我国社会主义建设的经验，提出了探索适合我国国情的社会主义建设道路的任务。后来党的八大确立了适合中国国情的正确路线，明确提出社会主义改造完成之后，我们党的工作重点应该转向经济建设，要进一步转移到集中力量发展社会主义的生产力方面来。党的八大提出的许多新的方针、设想是富于创新精神的，在理论上、实践上都突破了以往的社会主义模式。但是由于国际国内复杂的原因，对于适合中国国情道路的探索一度中断。我们曾经找到了正确的道路，但是没能沿着这条正确的道路走下去，很多好的方针、政策没有来得及实施。

党的十一届三中全会以后，邓小平讲，过去搞民主革命，要适合中国的情况，走毛泽东开辟的农村包围城市的道路；现在搞建设，也要适合中国的情况，走一条中国式的现代化道路。中国式的现代化必须从中国的特点出发。这是邓小平第一次提出要走一条中国式的现代化道路的任务，而且强调必须从中国的特点出发。

1982年9月1日，邓小平在党的十二大开幕词中讲到，我们的现代化建设必须从中国的实际出发，无论是革命还是建设，都要注意学习和借鉴外国经验，但是照抄照搬别国经验、别国模式从来不能取得成功，这方面我们有过不少教训。要把马克思主义的普遍原理同我国具体实际结合起来，走自己的道路，建设有中国特色的社会主义，这就是我们总结长期历史经验得出的基本结论。这是邓小平第一次提出要搞中国特色社会主义。当时的表述是"建设有中国特色的社会主义"，现在直接讲"中国特色社会主义"。可以说，邓小平的这篇讲话是建设中国特色社会主义的宣言书,标志着中国特色社会主义的确立。

什么是社会主义、怎样建设社会主义,这是邓小平理论要回答的时代之问。1992年初,邓小平在南方谈话当中讲到,社会主义的本质是解放生产力,发展生产力,消灭剥削,消除两极分化,最终达到共同富裕。邓小平用简短的几句话,对什么是社会主义、社会主义的本质作出了非常准确的概括。至于说怎么来判别"姓社姓资",邓小平提出"三个有利于"标准,即主要看是否有利于发展社会主义社会的生产力,是否有利于增强社会主义国家的综合国力,是否有利于提高人民的生活水平。从20世纪50年代初学习苏联,到1978年党的十一届三中全会之后改革开放,我们把马克思主义的基本原理和中国具体实际相结合,找到了中国特色社会主义的正确道路。

第三,社会主义初级阶段理论和党的基本路线。我国正处于并将长期处于社会主义初级阶段,这是我们党总结正反两个方面的历史经验,经过长期探索得出的基本结论。毛泽东在20世纪50年代末60年代初,读苏联《政治经济学教科书》的时候提出,社会主义可以分为不发达和比较发达两个阶段。党的十一届六中全会通过的《关于建国以来党的若干历史问题的决议》,第一次提出我们的社会主义制度还处于初级的阶段,我们的社会主义制度由比较不完善到比较完善,必须要经历一个长久的过程。后来邓小平也讲过,社会主义本身是共产主义的初级阶段,而我们国家又处在社会主义的初级阶段,即不发达的阶段。党的十三大报告首次阐明了社会主义初级阶段理论。这个论断包含两层含义。第一层含义是我国社会已经是社会主义社会,必须坚持而不能离开社会主义。第二层含义是我国的社会主义社会处在初级阶段,我们必须从这个实际出发,不能超越这个阶段。是不是每一个国家搞社会主义都有一个初级阶段?答案是否定的,不是每一个国家要进入社会主义都要经历这个初级阶段。我们国家是在生产力落后、社会经济不发达的条件下建设社会主义,必然要经历这个特定的阶段。

我国的社会主义社会是在半殖民地半封建社会的农业国基础上,在生产力水平很低下、经济落后的基础上建立起来的。我国的社会主义同马克思、恩格斯当年设想的社会主义在方向上是一致的，在体制和制度上也有相似之处，但是在生产力水平和其他的社会条件方面还有很大的差距。因此，党的十五大报告明确指出，社会主义初级阶段至少需要 100 年的时间。至于巩固和发展社会主义制度，那还需要更长的时间，需要几代人、十几代人甚至是几十代人坚持不懈地努力奋斗。党的十八大结束之后，习近平总书记在中央政治局集体学习时讲到党的十五大报告的这段话，他很有感慨。要几十代人，到现在孔子后人才八十几代人，所以说我们要经过长期的奋斗。社会主义初级阶段的基本路线是坚持以经济建设为中心，坚持四项基本原则，坚持改革开放。"一个中心，两个基本点"，这条党的基本路线我们必须长期坚持，永不动摇。

第四，完善和发展中国特色社会主义制度，推进国家治理体系和治理能力现代化。1992 年邓小平在南方谈话中指出，恐怕再有 30 年的时间，我们才会在各方面形成一整套更加成熟、更加定型的制度，在这个制度下制定的方针政策将更加定型化。从 1992 年算起，30 年马上就到了，到 2022 年正好 30年。2014 年习近平总书记讲，从形成更加成熟、更加定型的制度看，我国社会主义实践的前半程已经走过了。前半程的主要任务是建立社会主义制度，并在这个基础上进行改革。我们现在已经有了很好的基础，后半程我们的主要历史任务是完善和发展中国特色社会主义制度，为党和国家事业发展、为人民幸福安康、为社会和谐、为国家长治久安提供一套更加完备、更加稳定、更管用的制度体系。我们的社会主义制度很好，但不是完美无缺，我们要在坚持社会主义制度的条件下发展它、完善它。

党的十八大之后，我们已经形成了中国特色社会主义制度体系，它由三个层次组成。第一个层次是根本制度，是最高的层次。我们的根本政治制度是人民代表大会制度。第二个层次属于基本制度层面。我们的基本制度包括基本政治制度、基本经济制度和中国特色社会主义法律体系。基本政治制度包括：中国共产党领导的多党合作和政治协商制度、民族区域自治制度及基层群众自治制度。基本经济制度是指公有制为主体、多种所有制经济共同发展。第三个层次就是重要制度，包括经济、政治、文化、社会、生态文明等方面的重要制度。

新中国成立 70 多年来，尤其是改革开放 40 多年来，在制度上最突出的创新有以下几个。

一是社会主义市场经济体制的建立和完善。1984 年，党的十二届三中全会作出了关于经济体制改革的决定，当时提出我国的经济是公有制基础上的有计划的商品经济。这与原来我们讲的社会主义等于计划经济有很大的不同。有计划的商品经济，就是说在公有制的基础上，是可以搞商品经济的，这比原来的理念有了很大的突破。1992 年 10 月，党的十四大正式把建立社会主义市场经济体制作为经济体制改革的目标，提出核心是在社会主义宏观调控下，要使市场对资源配置起基础性作用，使经济活动遵循价值规律的要求。这个目标的提出和确立，是对有计划的商品经济改革目标的进一步发展和一个更新的突破，是认识上的飞跃。1992 年，邓小平在南方谈话中提出"姓社姓资"的判别、"三个有利于"标准、社会主义的本质等问题，使我们更清楚地认识到，社会主义不等于计划经济，资本主义也不等于市场经济，社会主义也可以有市场，资本主义也有计划。

党的十八届三中全会提出要使市场在资源配置中起决定性作用和更好地发挥政府的作用。这是我们党对中国特色社会主义建设规律认识的又一个新的突破，标志着社会主义市场经济发展进入到新的阶段。同时，在所有制方面，改革开放以前，公有制一统天下；改革开放初期，当时提以公有制经济为主体，个体、私营、外资经济为补充，多种经济成分长期共同发展，不同经济成分可以自愿实行多种形式的联合经营。到 1997 年党的十五大提出以公有制为主体，多种所有制经济共同发展，这是一个基本的经济制度。到党的十八大以后，以习近平同志为核心的党中央多次强调，必须坚持和完善我国社会主义的基本经济制度和分配制度，毫不动摇地巩固和发展公有制经济，毫不动摇地鼓励、支持和引导非公有制经济发展。

二是坚持中国特色社会主义的政治发展道路，关键是要坚持党的领导、人民当家作主和依法治国的有机统一。我们创造了中国特色社会主义民主的两种重要形式。一种是人民代表大会，即选举民主；一种是协商民主。人民通过选举投票行使权利，这就是选举民主；人民内部在各个方面的重大决策之前和决策实施之中进行充分协商，这就是协商民主。这两种形式不是相互替代、相互否定的，而是相互补充、相得益彰的，共同构成了中国特色社会主义民主政治制度的特点和优点。

所以习近平总书记讲，实现民主的形式是丰富多样的，不能拘泥于刻板的模式，更不能说只有一种放之四海而皆准的评判标准，好像很多西方人说中国没有民主，没有像他们一人一票，似乎他们是最民主的，似乎中国不符合他们的模式就不是民主的。习近平总书记说，人民是否享有民主权利，要看人民是否在选举时有投票的权利，也要看人民在日常政治生活中是否有持续参与的权利，要看人民有没有进行民主选举的权利，有没有进行民主决策、民主管理、民主监督的权利。社会主义的民主，不仅需要完整的制度程序，还需要完整的参与的实践。人民只有投票的权利，而没有广泛参与的权利；人民只有在投票的时候被唤醒，投票后就进入了休眠期，这样的民主是形式主义的。很多国家看上去好像很民主，人们投了某个人当总统，但投完票后什么参与的权利都没有了，投完票就进入了休眠期，这样的民主是形式主义的。

另外，依法治国是坚持中国特色社会主义政治发展道路的重要体现。党的十五大提出要依法治国，建设社会主义法治国家，而且强调依法治国是党领导人民治理国家的基本方略。到党的十八大，我们提出了新的"十六字方针"，即科学立法、严格执法、公正司法、全民守法。2014年10月，党的十八届四中全会通过了《中共中央关于全面推进依法治国若干重大问题的决定》，提出建设社会主义法治体系，建设社会主义法治国家，坚持依法治国、依法执政共同推进，加强法治国家、法治政府、法治社会一体建设。宪法是我国的根本法，依法治国首先是依宪治国，依法执政关键是依宪执政。2014年12月4日，中国迎来了首个国家宪法日。2018年修订的宪法规定，国家工作人员就职的时候应当依照法律规定公开进行宪法宣誓。2018年3月17日，在十三届全国人大一次会议上，再次当选国家主席、中央军委主席的习近平庄严进行宪法宣誓。这是宪法宣誓制度实施以来首次在人民代表大会上举行的宪法宣誓活动，也是新中国成立以来我国最高领导人首次进行宪法宣誓。

三是"一国两制"的伟大构想和实践。邓小平在毛泽东、周恩来关于争取和平解放台湾问题的思想基础上，创造性地提出"一国两制"的伟大构想。1979年元旦，全国人大常委会发表了《告台湾同胞书》，表达了祖国大陆对台湾人民的思念之情，也表达了中国共产党和中国政府以和平方式解决台湾问题的意愿。当天晚上邓小平就在全国政协座谈会上发表了题为"解决台湾问题，完成祖国统一大业提上具体日程"的讲话。1981年9月30日国庆前夕，时任全国人大常委会委员长叶剑英向新华社记者发表谈话，就台湾回归祖国、实现和平统一提出了九条方针，全面阐述了中央政府对台湾的政策。1982年1月，邓小平在会见美国华人协会主席李耀滋时说，九条方针是以叶剑英副主席的名义提出来的，但实际上是一个国家、两种制度。这是第一次明确提出了"一国两制"的概念。

1983年6月，邓小平提出解决台湾问题的六条方针。这六条方针体现了邓小平通过"一国两制"的方式解决台湾问题的构想。一个国家、两种制度，就是在一个中国的前提下，国家的主体坚持社会主义制度，台湾保持原有的资本主义制度长期不变。这是当时的构想。1992年，大陆海峡两岸关系协会与台湾海峡交流基金会在两岸事务性商谈中，就各自以口头方式表述海峡两岸均坚持一个中国的原则达成共识。后来我们把这称作"九二共识"。

对解决台湾问题，我们的决心是非常坚定的。2005年3月14日，十届全国人大三次会议高票通过了《反分裂国家法》，完整地反映了党和国家努力争取和平统一的一贯立场和维护国家统一、领土完整的决心。2015年11月7

日，习近平主席同台湾方面的领导人会面，这也是 1949 年以后两岸领导人的第一次会面，翻开了两岸关系历史性的一页。

"一国两制"的构想最早是为了解决台湾问题提出来的，但是最早的实践是在香港、澳门。香港、澳门先后回归祖国，"一国两制"从科学构想变成生动实践，标志着外国列强占领中国国土的时代彻底结束了，开创了历史发展的新纪元。香港、澳门回归之后，进一步加强了与内地的联系，开展了各个领域的交流与合作。泛珠三角区域的合作进一步加强，推出了《内地与香港关于建立更紧密经贸关系的安排》《内地与澳门关于建立更紧密经贸关系的安排》。2018 年港珠澳大桥正式开通、2019 年印发《粤港澳大湾区发展规划纲要》等，都是推进"一国两制"实践的具体举措。

四是党的十八届三中全会提出的推进国家治理体系和治理能力现代化。什么是国家治理体系？这是党领导人民管理国家的制度体系，包括经济、政治、社会、生态文明和党的建设等各个领域的体制机制、法律法规的安排，是一整套紧密相连、相互协调的国家制度。什么是国家治理能力？就是运用这些制度去管理社会各个方面事务的能力，包括改革发展稳定、内政外交国防、治党治国治军等各个方面的能力。

全面深化改革总目标有两个。一个是完善和发展中国特色社会主义制度。这句话规定了根本方向，我们的方向就是中国特色社会主义，而不是走其他的什么道路。另一个是推进国家治理体系和治理能力现代化。它规定了在根本方向的指引下，完善和发展中国特色社会主义制度的鲜明指向。国家治理体系和治理能力既相互区别又相辅相成。并不一定体系好，能力就一定强。但如果想能力强，没有好的制度肯定不行。所以二者是辩证统一的关系，要成为一个有机的整体。国家治理体系和治理能力现代化，丰富了现代化的内涵。以往提"四个现代化"，都是工业、农业、国防、科学技术现代化。现在把国家治理体系和治理能力也提到现代化的角度来看，使现代化不仅有硬件还有软件，所以说它丰富了现代化的内涵。

五是社会基本矛盾的变化和中国特色社会主义进入新时代。1956年生产资料所有制的社会主义改造基本完成后，社会主义制度在我国基本确立起来，这时国内主要矛盾是人民对建立先进工业国的要求同落后的农业国的现实之间的矛盾，是人民对经济文化迅速发展的需要同当前经济文化不能满足人民需要之间的矛盾。党和全国人民当时的主要任务是要集中力量解决这个矛盾，把我国尽快从落后的农业国变成先进的工业国。所以，当时目标提得很明确。但是由于党的八大之后，我们虽然找到了正确的道路、正确的路线，但没有坚持下去，后来走了弯路，实际上这个主要矛盾当时没有解决，并没有把经济搞上去。到1981年6月，在党的十一届六中全会通过的《关于建国以来党的若干历史问题的决议》当中，表述为"我国所要解决的主要矛盾，是人民日益增长的物质文化需要同落后的社会生产之间的矛盾"。实际上，就是因为党的八大提出要解决的主要矛盾还没解决。

但是现在的情况不一样了。经过40多年的改革开放，到党的十九大，我们作出了新判断：经过长期努力，中国特色社会主义进入了新时代，这是我国发展新的历史方位。进入新时代的重要标志就是我国社会主要矛盾已经发生改变，以往说的人民日益增长的物质文化需要同落后的社会生产之间的矛盾现在不存在了，已经解决了，社会生产已经不落后了，已经转化为人民日益增长的美好生活需要和不平衡不充分的发展之间的矛盾。我们整个经济社会发展水平提高了，人民生活水平也提高了，生产的产品也很丰富了，但是现在人民对美好生活的需要不一样了，要求的标准也不一样了。现在有些东西积压，产能过剩，生产的东西不是人们需要的，不能满足人们追求生活品质的需要。所以前些年很多人跑到日本买马桶盖。这种马桶盖也不是什么高精尖的技术，为什么中国不能生产？就是因为我们还有很多发展不平衡、不充分，这个问题比较突出，已经成为满足人民美好生活需要的制约因素，所以这是当前我们的主要矛盾。

进入新时代，社会主要矛盾改变了，但是还有两个没有变：我国仍然处于并将长期处于社会主义初级阶段的基本国情没有变，我国是世界上最大的发展中国家的国际地位没有变。我们要掌握新时代的一个改变、两个没有变，这样才能正确认识和把握中国特色社会主义发展的阶段性特征。

我们的社会主义初级阶段是一个很长的历史时期，但是在很长的历史时期中，有一些阶段性的特征，即一个很长的量变过程中的部分质变，部分质变能体现出阶段性的特征。在社会实践当中，我们现在已经形成了"五位一体"总体布局和"四个全面"战略布局，我们已经对中国特色社会主义道路、理论、制度、文化充满"四个自信"。新中国成立 70 多年来，中国特色社会主义制度不断发展和完善，中国特色社会主义已经成为一种稳定的、科学的、规范的现代制度体系。

/ 二 /

新中国的成立，使中国实现了从几千年封建专制政治向人民民主的伟大飞跃；社会主义制度的确立，使中华民族实现了由不断衰落到根本扭转命运，持续走向繁荣富强的伟大飞跃；改革开放和现代化建设，使中国赶上了时代，实现了中国人民从站起来、富起来到强起来的伟大飞跃。这三个伟大飞跃是习近平总书记在庆祝中国共产党成立 95 周年大会上的讲话中讲到的。新中国成立是一个伟大飞跃，社会主义制度确立是一个伟大飞跃，改革开放和现代化建设又是一个伟大飞跃。新中国成立 70 多年来，中国人走过了西方国家用两三百年才走完的现代化道路，彻底摆脱了被开除球籍的危险，使古老的中华民族焕发出新的蓬勃生机。

下面，我们从以下几个方面来看一看我们党在现代化建设方面的理论创新。

第一，树立长远的奋斗目标，咬定青山不放松。新中国成立 70 多年来，中国共产党带领全国人民完成了社会主义改造，开展了社会主义建设，实行了改革开放，坚持不懈地推进社会主义现代化建设。在这个过程中发挥了社会主义制度的优越性，从提出工业化到提出"四个现代化"，从中国式的现代化和小康社会到提出基本实现现代化和建设社会主义现代化强国，不断朝着中华民族伟大复兴的目标迈进。70 多年如一日，朝着一个目标不懈地努力，这是别的国家做不到的，体现了社会主义制度的优越性。

首先提出工业化，然后提出了"四个现代化"。1949 年 3 月，毛泽东在党的七届二中全会上就预见到，新中国成立以后，要使中国稳步地由农业国转变为工业国，把中国建设成为一个伟大的社会主义国家。当时就提出来要从农业国变成工业国。1953 年搞第一个五年计划的时候，主体是国家的工业化，"一化三改"中的"一化"就是社会主义工业化，把工业化摆在第一位。在第一个五年计划期间，确定工业化是整个经济建设的重点任务，集中主要力量发展重工业，因为重工业是国家工业化和国防现代化的基础。当时是因为抗美援朝战争给中国的震动很大，中国军队和美国军队最大的差距就是在武器装备上；如果没有重工业，就不可能制造出先进的武器装备。新中国刚刚成立的时候，毛泽东曾感慨地说："现在我们能造什么？能造桌子、椅子，能造茶碗茶壶，能种各种粮食，还能磨成面粉，还能造纸，但是一辆汽车、一架飞机、一辆坦克、一辆拖拉机都不能造。"

工业化承载着中国人的百年梦想，工业化是走向现代化的必由之路。在苏联支援下，我们建设了 156 个项目，它们成为"一五"计划工业建设的中心。鞍山钢铁公司、包头钢铁公司、武汉钢铁公司、长春汽车制造厂、武汉长江大桥等纷纷开工兴建。在优先发展重工业的同时，也发展交通运输业、轻工业、农业和工商业。1956 年，党中央明确提出要建立独立完整的工业体系的方针，使我国逐步走上了自力更生、独立自主的发展道路。

1961—1965 年，国民经济处于调整巩固充实提高的阶段。因为搞了"大跃进"、人民公社，搞了反右、"四清运动"，一些"左"的做法使得工业和农业之间、工业内部各门类之间、消费和积累之间的关系不协调了，必须通过调整、整顿协调起来。经过 1963—1964 年的调整，1964 年底，在第三届全国人大第一次会议上，周恩来在政府工作报告中第一次提出要把我国建设成为具有现代农业、现代工业、现代国防和现代科学技术的社会主义的强国。这是第一次提出"四个现代化"的任务，希望建立独立的比较完整的工业体系和国民经济体系，要赶上和超过世界先进水平，使中国的经济走在世界的前列。

但是不久以后，"文化大革命"开始了，"四个现代化"的目标根本没有来得及实施。到了 1975 年 1 月，在第四届全国人大第一次会议上，周恩来作政府工作报告的时候，他又重新提出来"四个现代化"的宏伟目标。从 1964 年第一次提出来到 1975 年重提"四个现代化"，1976 年打倒"四人帮"之后还在提"四个现代化"：考上大学、进了学校，要为实现"四个现代化"而学习。

邓小平是一个非常实事求是的人，他在党的十一届三中全会之后说，我们要坚持实事求是的思想路线，逐渐认识到到 20 世纪末实现"四个现代化"，国民经济走到世界前列，这个提法不太符合实际，所以邓小平提出中国式的现代化概念。1979 年 12 月 6 日，邓小平会见当时的日本首相大平正芳时被问道："中国在本世纪末实现'四个现代化'究竟意味着什么？"邓小平沉思片刻后回答，我们要实现的"四个现代化"，是中国式的"四个现代化"。我们的"四个现代化"的概念，不是像你们那样的现代化的概念，而是"小康之家"。

1981 年底，第五届全国人大第四次会议将达到小康水平规定为我国经济发展的前景，提出力争用 20 年的时间，1990 年国民生产总值比 1980 年翻一番，2000 年比 1990 年再翻一番，到 2000 年要使人民生活达到小康水平。这是邓小平第一次提出小康的概念。1988 年，当时的日本首相竹下登来到中国，邓小平接见他时讲：什么是小康社会？还不富裕，但日子还好过，有吃有穿，温饱不是问题了。所以邓小平把当时提出的实现"四个现代化"、国民经济走在世界前列这个目标修正为中国式的现代化和小康社会。

下面说说"老三步走"和"新三步走"战略。

1987年，邓小平在会见时任西班牙政府副首相格拉的时候说，我们党的十三大正式确定了，我国1990年国民生产总值要比1980年翻一番，2000年要比1990年翻一番，21世纪中叶，就是2050年，要基本实现现代化。这就是"老三步走"战略。

1997年党的十五大召开，马上快2000年了，那个时候基本实现了小康，后面怎么办？进入新世纪该怎么办？于是党的十五大提出来一个"新三步走"战略，就是以2000年为基点，2010年国民生产总值比2000年翻一番，使人民的小康生活更加宽裕，形成比较完善的社会主义市场经济体制；再经过10年的努力，到建党一百年时，使国民经济更加发展，各项制度更加完善；到世纪中叶新中国成立一百年时，基本实现现代化，建成富强民主文明的社会主义国家。党的十八大根据党的十五大提出来的这个"新三步走"战略进一步提出，在建党一百年的时候，全面建成小康社会；在新中国成立一百年的时候，建成富强民主文明和谐的社会主义现代化国家。习近平总书记将其概括为"两个一百年"奋斗目标。那么，2020—2050年这30年怎么发展？党的十九大作了两个阶段的安排：花15年的时间基本实现现代化，即2035年基本实现现代化，比2050年提前了15年；后面15年，2035—2050年，建设社会主义现代化强国，而且比原来的"富强民主文明和谐"多了"美丽"两个字，增加了生态文明的要求。

所以，从工业化、"四个现代化"、小康社会、"老三步走"战略、"新三步走"战略以及两个阶段的安排，70多年来可以说我们是一张蓝图绘到底，咬定青山不放松，围绕中华民族伟大复兴的目标，以钉钉子的精神，一环扣一环，一步一步地往前走。目标提得太大，有点儿过了，就往回揪一揪，"四个现代化"后来变成了小康；后来发现发展速度很快，就把目标修正了一下，到2035年基本实现现代化，后面建设社会主义现代化强国。这体现了实事求是的态度。但是目标是一直咬着不放的，这就体现了社会主义制度的优越性。这在大部分国家是做不到的，因为往往是政府换届时，后面上来的人全部推翻前面的，前面什么目标根本不管用。我们就不一样，无论是新中国成立 70 多年还是改革开放 40 多年，目标很明确，一直朝着这个方向努力。

第二，以经济建设为中心，坚定不移地改革开放。新中国成立 70 多年，变化最大的是经济：经济规模不断扩大，国民经济持续快速增长，经济总量连续登上新的台阶。1952 年国内生产总值是 679 亿元，人均生产总值是 119 元。1978 年国内生产总值增加到 3679 亿元，占世界经济的比重为 1.8%，当时经济总量在全球排在第 11 位。改革开放 40 多年来，我国经济快速发展，2018 年经济总量超过了 90 万亿元，占世界经济的比重接近 16%。按不变价计算，2018 年国内生产总值比 1952 年增加了 175 倍，年均增长 8.1%。尤其是 1979—2018 年这 40 年，年均增长 9.4%，高于同期国际经济 2.9% 的年均增速，对世界经济增长的年均贡献率超过了 18%。现在我国是世界上第二大经济体，仅次于美国。同时，中国还是制造业第一大国、货物贸易第一大国，连续多年对世界经济增长的贡献率超过了 30%。

新中国成立 70 多年来，之所以能取得如此辉煌的成就，最重要的一条就是以经济建设为中心。"文化大革命"结束之后，中国应该向何处去，这是摆在中国面前头等重要的大事。党的十一届三中全会重新确定实事求是的思想路线，停止使用"以阶级斗争为纲"的错误提法，把全党工作重点转移到社会主义建设上来，实行改革开放。改革开放推动了从"以阶级斗争为纲"向以经济建设为中心的转变。从计划经济向市场经济的转变，从封闭半封闭向全方位开放的转变，经济建设一直是整个改革的重点。我们的改革是从农村改革到城市改革，从经济体制改革到各个方面的体制改革，从对内搞活到对外开放，有力地推动了经济发展和社会进步。

中国的改革是从农村开始的，农村改革分为以下几个阶段。第一个阶段，家庭联产承包责任制。这是中国农民的伟大创造，也是农村改革的起点。在党中央 1982—1986 年连续五个"一号文件"的推动下，家庭联产承包责任制在全国推开。第二个阶段，乡镇企业的发展。第三个阶段，社会主义新农村的建设。第四个阶段，实施乡村振兴战略，这是党的十九大提出来的。

农村改革推动了城市改革，城市改革也分成几个阶段。第一个阶段，企业改革，包括扩大企业的自主权、实行经济责任制、所有制结构改革、搞股份制试点等。第二个阶段，城市经济体制的综合改革，城市的购销体制改革，尤其在党的十二届三中全会《关于经济体制改革的决定》出来之后，城市改革全面铺开。可以说，城市改革也学习了很多农村改革的经验。

第三，社会主义市场经济体制的建立和完善。这个前面已经介绍过了，不再赘述。

第四，从不断扩大开放到融入全球化、引领全球化。我国的开放经历了一个从引进来到引进来和走出去相结合的过程，促进了开放型经济的发展，实现了全面开放新格局。

第一步，建立经济特区。1980 年 8 月 26 日，全国人大常委会批准建立深圳、珠海、汕头、厦门四个经济特区，同时批准公布了《广东省经济特区条例》，标志着中国经济特区的正式诞生。1984 年初，邓小平去了深圳、珠海，看完之后为特区在短短的几年当中取得的成就感到非常高兴，觉得特区对外开放要进一步扩大。1984 年 5 月，中央正式确定开放沿海 14 个港口城市。1985 年 2 月，中共中央和国务院批准开放长三角、珠三角和福建的厦门、漳州、泉州三角地区。1988 年 3 月，国务院决定进一步扩大长三角、珠三角和闽南三角洲地区经济开放区的范围，并把辽东半岛、山东半岛、环渤海地区的一些市、县和沿海开放城市的所辖县列为沿海经济开放区。1988 年 4 月，第七届全国人民代表大会第一次会议通过了关于设立海南省的决定和关于建立海南经济特区的决议，海南省成为我国第一个省级经济特区。1990 年 4 月，中共中央和国务院正式批准开发开放浦东。从经济特区到沿海开放城市、从沿海向内地滚动发展，这是开放的第一步。

第二步，融入经济全球化。2001 年，中国正式加入世界贸易组织（WTO）。2008 年，国际金融危机爆发后，中国在世界上率先实现了经济回升向好。我们在 2008 年成功举办了奥运会，在 2010 年举办了世博会。中国从被动地接受到主动地融入经济全球化，现在已经成为推进经济全球化的中坚力量。

第三步，建设自由贸易区。2013 年批准上海成立自由贸易实验区，2015 年批准成立广东、天津、福建三家自贸实验区，2017 年增加了七家，最近又增加了六家，同时把深圳列为中国特色社会主义先行示范区。2013 年以来，习近平总书记提出了"一带一路"倡议，以政策沟通、设施连通、贸易畅通、资金融通、民心相通为主要内容，坚持共商共建共享原则。这是新的条件下进行对外开放很重要的平台。2018 年，中国第一次举办国际进口博览会，以后要常规化。这些都是对外开放的重要决策。

同时，党的十八大以来提出了全面深化改革。原来以经济改革为重点，后来提出经济、政治、文化、社会、生态文明都要改。中央成立了全面深化改革领导小组，党的十九大后改成全面深化改革领导委员会。提出了京津冀协同发展、推进长江经济带发展、农村三权分置以及设立河北雄安新区等一系列重大决策。

2014 年，党中央提出"经济新常态"概念，经济增长速度由原来的高速转向中高速，发展方式从规模速度型转向质量效益型，发展动力从依靠低成本劳动力的要素投入转向创新驱动，进行供给侧结构性改革。党的十九大提出要建设现代化经济体系。现代化经济体系是一个由多个体系构成的总的体系。我们要建设好现代化经济体系，实施七大战略，打好三大攻坚战，2020 年全面建成小康社会。

以上就是我们党在现代化建设方面的一些理论创新。我们经常说历史是最好的教科书。中华人民共和国 70 多年的历史，让我们积累了很多历史经验、历史智慧；中国现代化的历史进程，给了我们很多历史启示。对此，我们要认真总结，同时还要继承发展。

第一，坚持以人民为中心。新中国成立 70 多年来特别是改革开放 40 多年来，中国共产党带领全国人民搞现代化建设、搞改革开放，在这个进程当中，我们坚持以人民为中心的发展理念。这是我们搞现代化建设为了谁的问题。邓小平经常讲，在改革开放和现代化建设过程中，要把人民拥护不拥护、赞成不赞成、高兴不高兴、答应不答应作为制定方针政策、作出决断的出发点和归宿。习近平总书记强调必须牢记我们的共和国是中华人民共和国，始终要把人民放在心中最高的位置，始终全心全意为人民服务，始终为人民的利益和幸福而工作。

树立以人民为中心的发展理念，有以下几层意思。

一是人民群众是现代化建设和改革开放的主力军。人民群众是历史的创造者。无论是新中国成立 70 多年还是改革开放 40 多年，中国之所以取得这么辉煌的成就，是广大人民群众干出来的，无论农村改革还是城市改革、企业改革，很多决策、很多政策实际上最早是来自人民群众的创造和智慧。比如，家庭联产承包责任制就是人民群众自发组织实施的，之后总结经验进行推广，变成了全国的政策。所以，我们要一切为了群众、一切依靠群众，从群众中来、到群众中去，尊重人民群众的创造，集中人民群众的智慧和力量发展各项事业。

二是人民对美好生活的向往就是我们的奋斗目标，就是我们搞现代化、搞改革开放的出发点和落脚点。保障和改善民生、增进人民的福祉是发展的目的。所以，党的十九大前夕，习近平总书记到深圳时讲，要把为人民谋幸福作为检验改革成效的标准，让改革开放的成果更好惠及人民群众，多解民生之忧，让人民得实惠，增强人民群众的获得感、安全感。我们搞现代化、搞改革开放，追求的目标就是全体人民共同富裕。邓小平概括社会主义的本质特征，最后就是要达到共同富裕，这才是社会主义。70 多年来，我们努力消除城乡二元结构，基本实现基本公共服务均等化，发展各项事业，加大收入分配调整力度，推进精准扶贫，打赢脱贫攻坚战等，都是为了这个目标。

我们可以从几个具体的数字来看看什么是"以人民为中心"。

首先是人均预期寿命。这是衡量一个国家发展水平的重要指标。陈竺副委员长专门讲，人活得久了，平均寿命长了，跟医疗水平的提高有关，比如原来是不治之症，现在可以治了，所以人的寿命延长了，但不仅仅是医疗水平提高的事，影响的因素很多，比如婴儿和孕产妇死亡率的降低，还有社会管理水平的提高，交通事故少了、意外死亡少了、社会治理得好了，死的人就少了，所有这些因素都会影响到人均预期寿命。1949 年，我国人均预期寿命是 35 岁。到 1976 年，人均预期寿命达到 66 岁，得到大幅度提升。2017 年，我国人均预期寿命为 76.7 岁，美国是 78.6 岁，两者比较接近。中国的北京和上海人均预期寿命都超过了 80 岁，尤其在上海，人均预期寿命是 83.37 岁，其中女性达到了 85.85 岁。这是一个很重要的标志。

其次是人类发展指数。人类发展指数是联合国开发计划署 1990 年提出来的，是由人均预期寿命、教育和收入三个维度构成的综合评价指标。用它来衡量经济社会进步，比单独使用国民总收入和国民生产总值更全面。在计划经济条件下，中国的 GDP 是比较低的，但是当时人文发展指数很高，接近中等发达国家的水平。我是在大别山区的农村长大的，高中毕业后回到村里当农民。那时经济生活水平很低，但是每家都有广播，村村都有赤脚医生，村村都有小学，经常免费看一些电影，文化和医疗机构经常下乡给农民演出、给农民治病。当时中国经济发展水平落后，但是人文发展指数很高，这在全世界都是一个奇特的现象，体现出了社会主义制度的优越性。

再就是减贫事业。1978—2018 年，中国有 7 亿多人脱贫，从原来 7 亿多到 2019 年只剩下 1660 万贫困人口；2020 年，这 1660 万贫困人口全部脱贫。40 多年让 7 亿多人脱贫，对世界减贫事业的贡献率为 70%，这在世界上任何一个国家都是没有的事情，创造了人类社会发展的奇迹。

第二，现代化建设要以经济建设为中心。70 多年来，我们总结的一个经验就是，无论遇到什么情况，都不能动摇和影响以经济建设为中心，偏离了这个中心就要犯错误。"文化大革命"使中国经济走到了崩溃的边缘，这是给我们最大的教训。所以，党的十一届三中全会作出历史性的决策，使党和国家的工作重心回到经济建设上来。邓小平强调，发展是硬道理，无论遇到什么情况，都不能动摇和影响经济建设这个中心。要搞好经济建设，毫无疑问要发展生产力。社会主义的根本任务是解放和发展生产力。革命是解放生产力，改革是发展生产力。

第三，要坚持新的发展理念。20 世纪 50 年代的时候，我们特别强调经济建设的规模和速度，往往过高地估计了主观的力量，犯了激进、冒进的错误，多次陷入盲目发展和调整整顿的怪圈。"大跃进"违反了自然规律和经济发展规律，造成了自然资源和人力物力的极大浪费，给经济社会的发展带来了混乱和被动，更不用说持续 10 年的"文化大革命"了，这些都给我们留下了惨痛的教训。毛泽东的《论十大关系》讲的就是要解决好统筹兼顾、协调发展的问题。2003 年，我国发生了"非典"，当时经济建设搞得很好，社会生活水平也提高了，怎么突然一个公共卫生事件就把整个国家搞乱了？事实证明，我们不能单纯追求经济的发展，还要在政治、社会、文化、生态文明各个方面全面发展，所以胡锦涛提出需要什么样的发展、怎样发展的问题，形成了以人为本、全面协调可持续发展的科学发展观。科学发展观的第一要义是发展，核心是以人为本，基本要求是全面协调可持续，根本方法是统筹兼顾。

党的十八大以来，尤其是在党的十八届五中全会上，习近平总书记提出了创新、协调、绿色、开放、共享的新发展理念。新发展理念是对过去发展理念的系统总结，也是对新中国成立 70 多年来和改革开放 40 多年来经验的总结，是社会主义现代化建设的历史经验和历史启示。

第四，坚持独立自主和开放包容。这是新中国成立 70 多年来发展的重要历史经验，也是重要的历史启示。70 多年来，我们脚踏实地、艰苦创业，坚持独立自主、自力更生建设一个新中国。独立自主是中华民族的优良传统，是中国共产党、中华人民共和国立党立国的重要原则。这是习近平总书记在纪念毛泽东诞辰 120 周年座谈会上的讲话当中讲到的。

毛泽东思想的精髓包括实事求是、群众路线、独立自主。前面提到"一五"计划时期，苏联帮我们建了 156 个重点项目，但是后来中苏关系恶化，苏联专家撤走了，中国人民硬是靠着自己的力量完成了重大项目和重大工程的建设，成功地发射了"两弹一星"，开发出大庆油田，人工合成牛胰岛素、青蒿素等科技成果在国际上处于领先水平，中国迅速成为有世界影响的国家，积累起在一个社会生产力水平十分落后的东方大国搞现代化、搞社会主义建设的重要经验。

改革开放 40 多年来取得的成就更大，建立了比较完整的现代工业体系，很多方面走在了世界的前列，比如高温超导、纳米材料、杂交水稻、高性能计算机，尤其是载人航天、深海探测、超级计算机、卫星导航、天眼工程等。这些成果的取得，当然得益于对外开放，我们学习和借鉴了人类文明的优秀成果。中国的发展离不开世界，关起门来搞建设是不能成功的，实行对外开放符合当今时代特征和世界技术发展要求。我们要在独立自主、自力更生的基础上开放，要包容、学习一切人类文明优秀的成果。我们也愿意与世界各国共建共享，推动构建人类命运共同体。

实现现代化是当今世界各国面临的共同任务。资本主义制度和社会主义制度在实现现代化的途径、方式、效果等方面，实际上是在相互竞争、在搞竞赛。中国现代化的成功，正是中国特色社会主义制度优越性的体现。所以，在庆祝改革开放 40 周年大会的讲话当中，习近平总书记讲到中国特色社会主义的道路、理论、制度、文化不断发展，拓展了发展中国家走向现代化的途径，给世界上那些既希望加快发展，又希望保持自身独立性的国家和民族提供了全新选择，为解决人类问题贡献了中国智慧、中国方案。以往在人们的印象当中，要搞现代化好像只能走西方的那条路，好像只有资本主义才能搞现代化，不像英美发达国家那么搞就搞不成。我们并不是要发展中国家都学中国，搞中国特色社会主义，但是中国的很多经验和做法是值得它们学习和借鉴的。比如，保持政治稳定、集中精力搞建设、改善民生，国家现代化进程就加快了。

这些年，很多发展中国家都到中国来学习。现代化道路是多种多样的，这是一种新的选择、新的路径。资本主义制度和社会主义制度在竞争，在对比。实际上，今天的社会主义和马克思、恩格斯最早设想的社会主义是不一样的。马克思、恩格斯设想的是资本主义制度已经消亡了，社会主义制度全部取代了它，是一个替代了另一个，但今天是社会主义和资本主义同台竞技，制度的优越性会通过竞争当中的发展体现出来。

/ 三 /

接下来，我们来看看中国共产党在世界和平与国际关系方面的理论创新。

70 多年来，中国始终不渝走和平发展道路，坚定奉行独立自主外交政策，和谐共赢是我国的外交理念和原则。70 多年来的外交工作，为保障国家安全、巩固国家独立作出了巨大贡献，为国内经济建设创造了良好的国际环境。

新中国成立之初，我们提出和平共处五项原则，彻底清除西方列强在中国的各项特权。而要实现真正的独立，中国需要和一切爱好和平的国家建立良好关系。中国政府最早实行"一边倒"的政策，与苏联签订了《中苏友好同盟互助条约》，学苏联。1954 年，中国与印度、缅甸发表联合声明，共同倡导和平共处五项原则。1955 年，周恩来提出求同存异的方针，要发展与广大发展中国家的关系。广大发展中国家是中国外交最坚实的基础。

在"文化大革命"当中和改革开放初期，经常说要做好打第三次世界大战的准备。到 20 世纪 80 年代中期，邓小平提出和平与发展是当今时代的主题，提出要正确处理中国与美国、苏联的关系；在国际格局方面，他提出要"冷静观察，稳住阵脚，沉着应付，韬光养晦，善于守拙，决不当头，有所作为"的方针。90 年代，我们发展不结盟、不对抗的新型大国关系。进入 21 世纪之后，我们抓住重要的战略机遇期，坚持走和平发展的道路，同俄罗斯、美国、法国、英国、日本等建立面向 21 世纪的双边关系基本框架，还与世界各国执政党和合法的在野党开展党际交流，外交工作进入全面发展新阶段。对于与我们没有外交关系的国家，采取了先发展党际交流的方式，有些党际交流活动的开展比外交活动还要方便。

2001 年，我国加入世界贸易组织（WTO），上海合作组织成立，美国高盛公司首次提出"金砖四国"概念，囊括了全球最大的四个新兴市场国家——巴西、俄罗斯、印度、中国，2010 年南非加入，金砖国家领导人每年举行一次峰会。从 2011 年开始，党际交流越来越多。我们现在和世界上 160 多个国家的 600 多个政党和政治组织保持了不同形式的交流，同时提出新的和平发展观、新安全观和和谐世界的理论，这是我们在外交方面的理论创新。1995 年，我们提出新安全观，出了几个白皮书，新安全观在不断丰富和完善。2005 年，胡锦涛提出推动不同文明友好相处，共同构建一个和谐世界。2014 年，在上海亚信峰会上，习近平主席提出应该积极倡导共同、综合、合作、可持续的亚洲安全观，进一步创新了安全理念。

党的十八大以来，我们形成了全方位、多层次、立体化的外交布局，习近平主席通过外交实践和一系列的重要讲话、重要论述，提出了正确的义利观，倡导共同、综合、合作、可持续的亚洲安全观，倡导国际关系民主化，推动建立以相互尊重、公平正义、和平共赢为核心的新型国际关系，提出了人类命运共同体的理念等。尤其是党的十八大以来，元首外交、主场外交积极主动，让世界瞩目。习近平主席出访一些重要国家，和大国元首交往频繁，主场外交活跃，如北京 APEC、上海亚信峰会、杭州 G20 峰会、北京"一带一路"论坛、厦门金砖国家峰会、北京世界政党高层论坛、青岛上合峰会以及中非论坛、进博会、园博会等，都产生了重要的国际影响。

党的十八大报告首次提出构建人类命运共同体。2013 年 3 月，习近平当选国家主席之后首次出访俄罗斯，首次对人类命运共同体的理念作出阐述。2015 年，习近平主席在第 70 届联合国大会上发表讲话，强调构建以合作共赢为核心的新型国际关系，打造人类命运共同体。2017年1月，在联合国日内瓦总部，习近平主席提出构建人类命运共同体，建设一个持续和平、普遍安全、共同繁荣、开放包容、清洁美丽的世界。此后不久，构建人类命运共同体的理念被载入联合国多项决议，产生了日益广泛和深远的国际影响。党的十九大把推动构建人类命运共同体纳入新时代坚持和发展中国特色社会主义14个基本方略当中的一条。

中国外交是一条主线、两个目标。主线是坚持和平发展道路；两个目标一个是推动建设相互尊重、公平正义、合作共赢的新型国际关系，另一个是推动构建人类命运共同体。习近平外交思想，是新时代中国特色大国外交的根本遵循和行动指南。我们要全面贯彻落实习近平外交思想，不断为实现中华民族伟大复兴的中国梦创造良好的外部条件。

/ 四 /

下面来看看党的建设方面的理论创新。

70多年来，在党的建设方面，我们有很多理论创新，主要有以下几点。

第一，坚持党的全面领导。坚持中国共产党的领导，是办好中国一切事情的根本前提。中国共产党是领导我们事业的核心力量，没有共产党就没有新中国；有了共产党，中国的面貌焕然一新。新中国成立70多年来，中国人民创造出翻天覆地的辉煌业绩，归根结底是因为有了中国共产党的领导。所以，中国特色社会主义最本质的特征是中国共产党领导，中国特色社会主义制度的最大优势是中国共产党领导，必须加强党的全面领导。党政军民学，东西南北中，党是领导一切的；只有中国共产党才能凝聚中国力量，创造中国奇迹。70多年来，我们党总揽全局，协调各方，坚持科学执政、民主执政、依法执政，完善党的领导方式和执政能力，提高党的领导能力和执政水平，不断提高党把方向、谋大局、定政策、促改革的能力和定力，不断增强党的政治领导力、思想引领力、群众组织力、社会号召力，确保我们党永葆旺盛生命力和强大战斗力。我们说中国共产党伟大光荣正确，并不是说我们党从来不犯错误。就像任何一个人一样，任何一个党都会犯错误。没有不犯错误的人，也没有不犯错误的党。但是中国共产党之所以伟大，是因为它敢于正视错误、勇于改正错误。我们出现过"大跃进""文化大革命"这样的曲折和失误，但是我们党有极强的自我纠错能力，有一种自我革命的精神，能够坚决地改正错误，重新回到正确的轨道上来，自愈力很强。

《关于建国以来党的若干历史问题的决议》高明的地方，就是把毛泽东思想和毛泽东晚年所犯的错误区别开来。毛泽东思想是中国共产党在革命和建设过程中全党集体智慧的结晶，是被实践证明为正确的理论，而毛泽东晚年所犯的错误不属于我们党集体智慧的结晶，已被实践证明是错误的，不属于毛泽东思想的范畴。这是一个很重要的区分。决议还把"文化大革命"作为一场政治运动和1966—1976年这10年的"文化大革命"历史时期区分开来。决议当中写得很清楚："文化大革命"是一场由领导者错误发动，被反革命集团利用，给党、国家和各族人民带来巨大灾难的内乱。彻底地否定了"文化大革命"。但是1966—1976年这10年，这个历史时期，中国还是共产党领导的，还是实行社会主义制度，我们还在发展，如大庆油田、南京长江大桥的建设和卫星上天。当然，这些成就的取得决不是因为有了"文化大革命"。如果没有"文化大革命"，中国的成就还要比这个大得多，科技和经济的发展会更快。后来，习近平总书记讲改革开放前和改革开放后两个历史时期的关系，说到底它们就是进行社会主义探索的两个不同阶段，既有联系又有区别；二者不仅时间是连续的，而且都是在探索社会主义建设道路。前期找到了正确的路但走了弯路，但弯路也是积累经验教训。没有"文化大革命"，就没有后来的改革开放。邓小平说，"文化大革命"对我们搞改革开放是一笔财富。因为前面搞的不是中国特色社会主义，前面没有搞改革开放，后面才搞了中国特色社会主义，搞了改革开放。不能把这两个历史时期割裂开来、对立起来，不能用一个否定另一个。

要坚持党的全面领导，牢固树立"四个意识"，即政治意识、大局意识、核心意识、看齐意识。看齐意识是毛泽东在党的七大预备会上讲到的。他说，一个队伍经常是不大整齐的，所以就要常常喊看齐，向左看齐，向右看齐，向中看齐。看齐是原则，有偏差是实际生活，有了偏差，就喊看齐。2015 年 12 月 11 日，在全国党校工作会议上，习近平总书记引用了毛泽东这段话，党员领导干部到党校来学习就是来看齐的，统一思想、统一步调。所以说，"四个意识"是坚持党的全面领导的基本要求。同时还要做到"两个维护"，要坚决维护习近平总书记党中央的核心、全党的核心地位，坚决维护党中央权威和集中统一领导。

第二，中国共产党是两个先锋队的统一。我们党是工人阶级的先锋队，同时也是中国人民和中华民族的先锋队，是中国特色社会主义事业的领导核心。2001 年，江泽民提出了两个先锋队的概念，这是很重要的理论创新。中国共产党是由中国工人阶级的先进分子组成的，中国工人阶级具有严格的组织纪律性和革命的坚定性、彻底性等品格，所以中国共产党是工人阶级的先锋队、无产阶级的先锋队。同时，中国共产党也是中国人民和中华民族的先锋队。历史上早有这种提法。1935 年 12 月，毛泽东曾经精辟地阐述，中国共产党不但是工人阶级的利益的代表者，而且也是中国最大多数人民的利益的代表者，是全民族的代表者。中国共产党是中国无产阶级的先锋队。它应该大量吸收先进的工人、雇农入党，造成党内的工人骨干。同时中国共产党又是全民族的先锋队，因此，一切愿意为着共产党的主张而奋斗的人，不问他们的阶级出身如何，都可以加入共产党。1937 年，毛泽东在《论鲁迅》一文中明确指出，共产党是无产阶级的先锋队，同时是最彻底的民族解放的先锋队。

1945 年，刘少奇在党的七大《关于修改党章的报告》中强调，我们党是中国工人阶级先进的有组织的部队，共产党是人民群众的先锋队。所以到了

2001年江泽民在论述"三个代表"重要思想的时候，两个先锋队的概念被提出来了：为了实现民族的伟大复兴，我们党必须把增强党的阶级基础与扩大党的社会基础统一起来，尽可能把中华民族的一切优秀儿女吸收到党内来，从而增强党的凝聚力和影响力。因此，中国共产党是中国工人阶级的先锋队，同时也是中国人民和中华民族的先锋队。

第三，新型政党制度。这也是重要的理论创新。2018年3月4日下午，习近平总书记在看望参加全国政协十三届一次会议的民盟、致公党、无党派人士、侨联界委员的时候有一段讲话：中国共产党领导的多党合作制度和政治协商制度是中国共产党、中国人民和各民主党派、无党派人士的伟大政治创造，是从中国土壤中生长出来的新型政党制度。习近平总书记这么讲是有历史渊源的。中国共产党成立之初，党的二大提出要组建民主的联合战线，明确提出反封建纲领，同时通过了《关于"民主的联合战线"的议决案》。党的三大开始搞统一战线，搞国共合作，后来把统一战线作为党的三大法宝之一，把统一战线摆在武装斗争、党的建设的前面。1948年4月30日党中央发出的"五一口号"当中，号召各民主党派、各人民团体、各社会贤达迅速召开政治协商会议，讨论并实现召集人民代表大会，成立民主联合政府。当时设想先开政协，再召开人大，因为战争刚刚结束，很多地方没有完全解放，不可能由各地推选人大代表。前面讲到社会主义民主有两种形式，即选举民主和协商民主，这里体现的基本精神就是共产党领导、多党合作、政治协商。中国共产党是执政党，八个民主党派是参政党，中国共产党与各民主党派长期共存、荣辱与共，支持民主党派按照中国特色社会主义参政党要求参政议政，巩固和发展爱国统一战线，高举爱国主义、社会主义旗帜，牢牢把握大团结、大联合的主题，坚持一致性和多样性的统一，找到最大公约数，画出最大同心圆。

中国不是一党制，也不是两党制，而是中国共产党领导下的多党合作制度，这是新型政党制度。习近平总书记说，这个新型政党制度新就新在它是马克思主义政党理论同中国实际相结合的产物，能真实、广泛、持久地代表和实现最广大人民的根本利益和全国各界的根本利益；新就新在它把各个政党和无党派人士紧密团结起来，为共同目标而奋斗；新就新在它通过制度化、程序化、规范化的安排，集中各种意见和建议，推动决策科学化、民主化。

第四，全面从严治党。办好中国的事情关键在党，关键在坚持党要管党、从严治党。习近平总书记多次讲过——在 2013 年 6 月 28 日全国组织工作会议上讲过，在 2014 年党的群众路线教育实践活动总结大会上也讲过——全党同志必须从思想上真正明确，党的执政地位和领导地位并不是自然而然能长期保持下去的，不管党、不抓党有可能出问题甚至出大问题，结果不只是党的事业不能成功，还有亡党亡国的危险。我们面临新情况、新问题，中国共产党只有坚持不懈地加强自身建设，提高执政能力、执政水平。我们要赢得人民群众的支持，才能真正成为执政党。人民群众支持我们多久，我们的执政地位才能维持多久；人民群众不支持我们，我们的执政地位就有危险了。

所以，要让人民群众支持我们，我们就得把自己管好，把自己建设好。70 多年来，我们党不断整顿党风，正确处理人民内部矛盾，贯彻群众路线，反对官僚主义、形式主义，从党的十三大开始提出来从严治党，党的十四大把"坚持党要管党、全面从严治党"写进党章总纲部分。从党的十四大到十九大，党章总纲都有这句话。党的十八大以来，以习近平同志为核心的党中央扎实推进全面从严治党。2014 年 12 月 8 日，在党的群众路线教育实践活动总结大会上，习近平总书记讲了全面从严治党的八个要求。党的十八大以来，我们从六个方面抓全面从严治党，即抓思想从严、管党从严、执纪从严、治理从严、作风从严、反腐从严。

第五，新时代党的建设总要求。这是党的十九大报告提出来的。党的建设总要求包括根本方针、工作思路、工作布局、迫切任务和总目标。这是以往没有提出过的。总要求当中有两点要突出强调。

第一点，除了前面已经讲过的坚持党的全面领导之外，第一次提出要把政治建设放在首位。这是新的提法。党的十七大提出五大建设：思想建设、组织建设、作风建设、制度建设、反腐倡廉建设。党的十八大基本沿用了这种说法。党的十九大报告当中增加了一个政治建设，把政治建设放在了第一位，还增加了一个纪律建设，表述为：全面推进党的政治建设、思想建设、组织建设、作风建设、纪律建设，把制度建设贯穿其中，深入推进反腐败斗争。制度建设不是和其他建设并列的，因为前面五个建设当中都有制度建设的问题，所以讲"把制度建设贯穿其中"。不再提反腐倡廉建设，而是表述为深入推进反腐败斗争，不是把反腐败斗争放在次要的地位，恰恰相反，政治建设、思想建设、组织建设、作风建设、纪律建设、制度建设这六大建设都为推进反腐败斗争服务，所以实际上深入推进反腐败斗争所占的分量更重了，前面的几个建设都是为它服务的。

第二点，提出勇于自我革命。党的十九大报告两次提到勇于自我革命。一是提出：勇于自我革命，从严管党治党，是我们党最鲜明的品格。二是党的建设总要求最后那句话：把党建设成为始终走在时代前列、人民衷心拥护、勇于自我革命、经得起各种风浪考验、朝气蓬勃的马克思主义执政党。这五个要求当中，勇于自我革命就是其中一个。党的十九大刚一开完，习近平总书记在会见中外记者时讲，中国共产党能够带领人民进行伟大的社会革命，也能够进行伟大的自我革命。2018 年 1 月，在新进中央委员会委员、候补委员和中央党校一年一度的省部级主要领导干部培训班上，习近平总书记作了首场报告，重提了"两个革命"——一个是社会革命，一个是自我革命——的思想：要把新时代坚持和发展中国特色社会主义这场伟大的社会革命进行好——把中国特色社会主义事业看作是伟大的社会革命，我们党必须勇于进行自我革命，把党建得更加坚强有力——提出党的建设也是一种自我革命。

最近刚刚启动第二批"不忘初心、牢记使命"主题教育，中央机关和省一级作为第一批已经搞完。在这次主题教育过程中，习近平总书记强调，做到"不忘初心、牢记使命"并不是一件容易的事情，必须有强烈的自我革命的精神。我们党在这么一个长期执政的条件下，各种弱化党的先进性、损害党的纯洁性的因素无时不有，我们党面临四种考验、四种危险，形势还是很严峻的。习近平总书记说，我们党的自我革命任重道远，决不能停一停、歇一歇，要不忘初心、牢记使命。

习近平总书记说，这次"不忘初心、牢记使命"主题教育也是一场自我革命，是在新的历史条件下的自我革命。他回顾了我们党历史上自我革命的思想，还是很丰富的。比如他列举了坚定理想信念、加强党性修养，这就是自我革命。从严管党治党，严肃党内政治生活，坚持经常性教育和集中性教育相结合，勇于开展批评和自我批评，不断纯洁党的思想、党的作风等，这都是党的历史上自我革命的丰富的思想成果。这些思想成果是推进党的自我革命的经验，这次主题教育要长期坚持，要继承和发展。2019年7月，习近平总书记在内蒙古视察指导"不忘初心、牢记使命"主题教育时强调，我们党要不断进行自我革命；今天开展"不忘初心、牢记使命"主题教育，就是在新的历史条件下进行党的自我革命，这种党内集中教育今后还要经常进行。

我理解习近平总书记讲的自我革命有两层含义。第一层含义是要以刀刃向内的自我革命精神，直面党内存在的问题，加强党的自身建设，推进全面从严治党。第二层含义是以党的伟大自我革命推进伟大的社会革命，推进中国特色社会主义伟大事业，推进全面深化改革。自我革命的目的就是要坚持自我进化、自我完善、自我革新、自我提高，不断纯洁党的队伍，保证党的肌体健康。所以习近平总书记说，中国共产党人的初心和使命就是为中国人民谋幸福、为中华民族谋复兴，这个初心和使命是激励中国共产党人不断前进的根本动力。

今天我从四个方面，讲了我们党执政70多年来的理论创新。这些理论创新也是我们党执政70多年来历史经验的总结和历史启示，是我们党和共和国的宝贵财富。习近平总书记指出，中国共产党立志于中华民族千秋伟业，百年恰是风华正茂。2021年，中国共产党将迎来百年华诞。我们致力于千秋伟业，在实现"两个一百年"奋斗目标和中华民族伟大复兴中国梦新的历史征程中，一定要继续推进马克思主义中国化，进一步丰富和发展这些理论创新，在新时代创造让世界刮目相看的新的更大的奇迹！

我今天讲的是个人的学习体会。不成熟的地方请大家批评指正。谢谢大家。

》》主编按语

冯俊先生的这个报告围绕新中国成立70多年来中国共产党的理论创新展开了集中论述，从社会主义制度建设理论创新、现代化建设理论创新、世界和平与国际关系理论创新、党的建设理论创新四个方面总结了中国共产党的理论创新以及我国在这些创新理论指导下所取得的辉煌成就。这个报告从国内、国际、党内、党外等多重角度阐述中国共产党的理论创新，把70多年的理论创新讲得非常丰满，理论架构也非常新颖、非常严密。

这个报告最大的特点就是思路清晰、理论思维缜密、理论概括准确，让人在很短的时间内就能对新中国成立以来中国共产党的理论创新成果概况一目了然，对新中国成立以来党的创新理论体系形成整体认识。

北大人的初心使命

于鸿君

中共北京大学党委常务副书记、北京大学博雅特聘教授，光华管理学院、马克思主义学院教授、博士生导师，国家社科基金重大招标项目首席专家，国家级精品课程主持人，北京市社会科学界联合会副主席，中国中共文献研究会常务理事。

今天我和大家交流的主题是：北大人的初心使命。

在中国近现代史这盘大棋里，北京大学极其特殊。要说清楚中国 100 多年来的历史，就绕不开北京大学，绕不开 100 多年来北大先贤们的初心使命。因为，讲中国共产党人的初心使命，离不开陈独秀、李大钊、毛泽东等北大人的初心使命。100 多年来，北京大学与国家同呼吸，与民族共命运，与时代同步伐，这就是北京大学的特殊之处。所以，这看似是个小题目，里面却有大文章。

2018 年是北京大学建校 120 周年；2019 年是五四运动 100 周年，也是中华人民共和国成立 70 周年；2020 年是北京共产党早期组织——"共产党小组"在北京大学诞生 100 周年，100 年前，"共产党小组"就是在北京大学图书馆馆长李大钊先生的办公室成立的；2021 年是中国共产党建党 100 周年。这些接连不断的好事、大事、喜事都与北京大学息息相关。所以，一位外国著名大学的校长曾讲过，世界上没有一所大学能够像北京大学那样改变了一个国家、改造了一个民族、开辟了一个时代。这段辉煌历史产生的原因就在于，在 100 多年前的新文化运动中，陈独秀、李大钊、毛泽东、邓中夏等一批北大人不仅把马克思列宁主义传到北京大学，还以北京大学为平台汇聚起大批先进知识分子，传播马克思列宁主义思想，组织工人运动及各类社会运动，身体力行推动了中国共产党的诞生——这是半封建半殖民地的中国发生的开天辟地的大事件，中华民族和中国革命的面貌由此焕然一新。习近平总书记对于北京大学对中华民族复兴所起到的积极作用，尤其是五四运动以来北京大学的历史地位作了高度评价，他在 2014 年 5 月视察北京大学时指出："长期以来，北京大学广大师生始终与祖国和人民共命运，与时代和社会同前进，在各条战线上为我国革命、建设、改革事业作出了重要贡献。"我们一般讲，中国共产党 100 年的辉煌历程大致可以分为三个阶段：1921—1949 年是新民主主义革命时期；1949—1978 年是社会主义革命和建设时期；1978 年以后是改革开放时期。习近平总书记讲北京大学广大师生在各个时期、各条战线上都作出了重要的贡献，这对北京大学是一个很高的评价。

/ 一 /

要讲清楚北大人的初心使命，就一定得回放中国人民饱受屈辱、备受蹂躏，同时又不屈不挠、奋发图强的近现代史。1840 年的鸦片战争，帝国主义的坚船利炮惊醒了古老的中华民族，泱泱华夏发现自己在许多方面落后于西方世界，从此经受了一次又一次无法想象的屈辱：

1840 年 6 月—1842 年 8 月的第一次鸦片战争，清朝军队约 80 万人，入侵中国的英军也就 2 万多人，结果中国被打得一败涂地，割让了香港，赔款 2100 万两白银。

1856 年 10 月—1860 年 10 月的第二次鸦片战争，清朝军队总人数应该超过了 80 万，而英法联军最多的时候也不到 3 万人，结果清军却被打得丢盔弃甲，圆明园也被英法联军一把大火烧毁了，清政府不得不求助沙俄介入调停，代价是割让外兴安岭和乌苏里江地区 100 万平方公里以及巴尔喀什湖地区 44 万平方公里的土地，赔款 2000 多万两白银，沙俄成了最大的赢家。

1894 年的甲午战争，清朝军队有 60 多万人，而日本全国军人加起来也就 20 多万人，结果清朝军队在海陆两路都被打得大败，令大清帝国倍感自豪的号称"远东第一舰队"的北洋水师全军覆没，不得不割让辽东半岛、澎湖列岛、台湾岛及所有附属各岛屿，包括钓鱼岛，赔款高达 2.3 亿两白银。

1900 年的八国联军侵华战争，以英、俄、日、法、意、美、德、奥为首的多个国家武装侵略中国，虽然号称"八国联军"，但用于前期直接战斗的军事人员加起来不超过 2 万人（一说 5 万人），而清军加上义和团民，参战人数在 40 万人以上，结果也是惨败，最后签订了《辛丑条约》，赔款高达 4.5 亿两白银。而且八国明确要求：拆除天津大沽口到北京沿线的所有炮台；天津方圆 20 平方公里之内中国不能驻军，但外国军队可以驻扎；禁止中国人组织任何反抗组织，要求所有的地方官员必须保护外国人的人身和财产的绝对安全，否则任何一级地方官员都必须被革职查办、永不叙用。

回看这段历史，令人唏嘘不已：

1840年第一次鸦片战争时，中国在经济总量、国土面积、人口数量上都远超英国，GDP是英国的七倍，经济总量甚至超过英国及其殖民地的总和。我们有悠久的历史、灿烂的文化。那时的我们真的落后吗？落后在哪些方面？

1894年甲午战争时，中国的经济总量远超日本（GDP是日本的近10倍），北洋水师号称是当时远东第一舰队，特别是经过30多年的洋务运动，我们积累了巨额财富。英国、荷兰这些西方国家，造得起军舰却养不起军舰，中国是养得起军舰却造不了军舰，依靠从西方大量购置军舰打造了远东第一舰队。在大清帝国眼里，日本就是个"蕞尔小国"，何足挂齿！怎么一仗打下来，大清帝国的"远东第一舰队"就灰飞烟灭了呢？其后日本更是气焰嚣张，一路开疆拓土，直到1931年占领中国东三省，接着在6年后全面发动侵华战争。和日本相比，那时的中国真的落后吗？落后在哪些方面？

1900年8月，八国联军从天津进至北京的部队其实只有1.6万人，由英国海军将领西摩尔率领，一路从南打到北。攻打北京城的时候，由于城墙阻挡，久攻不下，于是有的中国老百姓成为"带路党"，引导侵略者从下水道进入北京城。那时不少老百姓没有国家意识，只要能够赚到钱，什么都可以干，爱国不爱国、亡国不亡国，一概与他们无关，这就叫一盘散沙。

回看这段历史，我们不禁陷入沉思：

中华民族勤劳勇敢、自强不息、创造了灿烂辉煌的文明，几千年没有中断，血脉赓续、延绵不绝，多朝盛世、雄居世界，怎么进入到近代以后，突然变得如此软弱悲催、低劣不堪，任何人都可以肆无忌惮地随便踩上几脚？"落后就要挨打"真的是铁打的道理吗？

"落后就要挨打"，这句话如果是强调总体上落后必然付出挨打的代价，还说得过去，但如果像有些人认为的那样，单纯强调经济、科技等物质方面的落后，则大有问题。纵观人类历史，落后的民族侵略并打败先进的民族何乏其例？大宋王朝、大明王朝的败灭，古罗马被高卢人入侵，日耳曼民族击败罗马人，不都是这样吗？确切地说应该是一盘散沙才会挨打。为什么会是一盘散沙？政府（朝廷、执政者）和社会精英脱离人民，全社会没有共同的思想信仰，弥漫着实用主义和自私自利，国家和民族大义被抛在一边，你是你、我是我，社会有利益就争，国家有劫难就躲，国家与社会分置，政府与人民分割，组织与个人分离，个人与个人分化，偌大的国家支离破碎，成为一盘散沙。真正的硬道理是：脱离人民支持的政府和国家就难逃被宰割的命运；没有凝聚力的民族和社会就是一盘散沙，就会因为缺乏社会动员能力而不能摆脱被欺辱蹂躏的命运！可见，如果离开人民讲一个政党的初心使命，只能是空谈乃至谎言。

总体上讲，从 1840 年以后，中国的历史每 30 年算一个节点。

从 1840 年的鸦片战争到 1865 年太平天国运动失败，共 26 年，发生了两次鸦片战争和太平天国运动（1851—1865 年）。这期间内忧外患，面对 3000 年未有之大变局，包括魏源、曾国藩、左宗棠以及洪秀全等在内的一批仁人志士积极探索救国救民之良策，开始思考问题到底出在哪里。最后基本达成共识：我们技不如人，技术、人才和物质硬件不行，人家有现代化的工厂、制造业，造得了尖船利炮，我们不行，生产的都是丝绸、茶叶、陶瓷等。这些认识为后来的以洋务运动为主要内容的社会变革进行了思想和人才准备。

从那时起，清政府开始采取措施，派出留学生到西方去学习，派出人员到英国、荷兰学习造船技术，引进大批企业，发展中国的制造业，所谓的"师夷长技以制夷"。所以铁路、电报、矿山、钢铁、军工企业引进来了，包括造船工业也逐步发展起来了。

1865—1894 年的 30 年，是中晚清的黄金时期，发生了洋务运动，有的史学家甚至把洋务运动称为中国近代以来的第一次改革开放运动。洋务运动使大清帝国热气腾腾、欣欣向荣、蒸蒸日上，经济、社会、教育包括国防都得到快速发展。彼时的大清帝国似乎又找回了天朝帝国雄霸世界的幻觉，曾国藩、李鸿章都被认为是国际一流的大国政治家。现在回看这 30 年，从表象上来看，中华民族似乎又有可能实现崛起了，但从本质上看，在资本主义已经在西方得到充分发展并向全球蔓延的情况下，封建地主阶级是绝不可能完成领导中华民族实现伟大复兴的历史使命的。因此，当大清帝国这架庞大的"封建牛车"装上马力硕大的西方"汽车发动机"的时候，它离"散架"就不远了。

1894 年甲午战争，中国战败、北洋水师全军覆没，标志着洋务运动以失败告终。紧接着的痛苦思考是：我们不是技不如人，是制度不行，简单说就是封建皇权制度不可能容纳代表新生产力的资产阶级的发展。这是洋务运动失败后人们得出的最根本的总结。怎么办？一种主张是改革政治制度，仿照英国走君主立宪道路，即继续保持以清朝皇帝为代表的大地主、大买办阶级的统治，而只改变它的政权组织形式，召开议会，建立责任内阁，以便上层民族资产阶级参政。另一种主张是必须通过革命推翻清朝封建统治，建立资产阶级共和体制的国家，孙中山是这种主张的典型代表人物。两种主张一致认为，为适应马力硕大的"汽车发动机"，大清帝国这架庞大的"封建牛车"必须换成"钢铁之躯"。不同的是，立宪派主张依然由封建皇帝掌舵，而革命派则主张要连车带人一并换掉。

1898 年进行的历时 103 天的戊戌变法（也称"百日维新"）是晚清在思想上、行动上探索封建帝国出路的一次重大政治变革，提出了一系列经济、政治、社会、文化、教育、军事等方面的改革主张，目的是救亡图存。北京大学就是在这 103 天中诞生的。1898 年 6 月，光绪帝颁布《明定国是诏》，推行"戊戌变法"，诏书中强调"京师大学堂为各行省之倡，尤应首先举办"。7 月 3 日，光绪帝批准了由梁启超代为起草的《奏拟京师大学堂章程》，正式创办京师大学堂（即北京大学的前身），任命吏部尚书、协办大学士孙家鼐为首任管理大学堂事务大臣（管学大臣），即事实上的校长。

可见，北京大学诞生于中华民族面对 3000 年未有之大变局的救亡图存运动，其生命中深深植入了"爱国""兴国"的基因。事实上，北京大学的第一次反帝爱国运动发生在成立五年后的 1903 年。是年 4 月 30 日，京师大学堂学生"鸣钟上堂"举行集会，声讨沙俄侵占中国东北的罪行，谴责清政府妥协投降，要求拒约抗俄。参加大会的师生 200 余人，有 73 人在呈送给管学大臣的《拒俄书》上签名。

1915 年以后，经过几代仁人志士自鸦片战争以来的不懈探索和身体力行，社会变革已经到了思想文化层面。特别是辛亥革命以后，围绕着君主立宪与共和进行了一系列斗争，直到 1915 年陈独秀创办《新青年》杂志，标志着新文化运动的开始，北京大学成为新文化运动的中心，在北京大学执教并担任文科学长的陈独秀被誉为新文化运动的发起人和旗手——这是个了不起的称号。北京大学陈独秀、李大钊、蔡元培、鲁迅、胡适等人认为：中华民族为什么落后？技不如人和制不如人不是根本决定因素，中华民族落后的根本原因是思想文化方面的落后，传统的封建思想文化已经无法发挥"思想黏合剂"作用，无法把国民的思想和行动统一并整合起来，无法形成强大的社会组织动员能力，因此导致社会一盘散沙、国家积贫积弱、百姓民不聊生。因此，要振兴中华，必先变革思想文化，发动一场广泛深刻的新文化运动势在必行而且迫在眉睫。陈独秀说过："欲使共和名副其实，必须改变人的思想，要改变思想，需办杂志"。他创办的《新青年》杂志"象春雷惊醒了整个时代的青年"。我们说中华文明博大精深，中华文化底蕴深厚，但是其中的糟粕有时会占据主流，古老的文化必须注入新鲜血液，必须应时代所需，与现实对接。可以说，新文化运动是 20 世纪初中国先进知识分子发起的反对封建主义的思想解放运动，提倡民主和科学，弘扬进化论和个性解放思想，抨击孔孟等"往圣先贤"，大力提倡新道德、新文学，反对旧道德、文言文。新文化运动以《新青年》为阵地，以北京大学为中心，以先进知识分子为主力，有力打击和动摇了传统封建思想的统治地位，唤醒了一代青年，使中国的知识分子尤其是广大青年受到一次西方民主和科学思想的洗礼，从而打开了遏制新思想涌流的闸门，在中国社会掀起一股生气勃勃的思想解放的潮流。这就为适合中国需要的新思潮，特别是马克思主义在中国的传播，创造了最有利的条件。

1920年春夏，毛泽东特意去上海拜见了陈独秀。毛泽东后来说陈独秀对他的影响"也许超过其他任何人"。在延安时期，毛泽东曾经说过："关于陈独秀这个人，我们今天可以讲一讲，他是有过功劳的。他是五四运动时期的总司令，整个运动实际上是他领导的"。

这里，有必要专门介绍一下北大学人李大钊。

李大钊是中国共产主义运动的先驱，伟大的马克思主义者，杰出的无产阶级革命家，中国共产党的主要创始人之一。李大钊同志短暂的一生同马克思主义在中国传播的历史紧密相连，同中国共产党创建的历史紧密相连，同中国共产党的初心紧密相连。1917年俄国十月革命后，时任北京大学图书馆馆长的李大钊连续发表《法俄革命之比较观》《庶民的胜利》《布尔什维主义的胜利》《新纪元》等文章和演讲，热情讴歌十月革命。他敏锐认识到这场革命将对20世纪世界历史进程产生划时代的影响，并从中看到了民族独立和人民解放的希望，满怀信心地预言："人道的警钟响了！自由的曙光现了！试看将来的环球，必是赤旗的世界！"李大钊是中国最早的马克思主义传播者，他于1920年就在北京大学开设了教授马克思主义的课程"唯物史观"，随后，又开设了"工人的国际运动与社会主义的将来""社会主义与社会运动"等课程。1920年3月，李大钊在北京大学亲自组织成立了中国第一个马克思主义组织"马克思学说研究会"，为马克思主义在中国生根开花培养了大批骨干人才。1921年3月，李大钊号召全国的共产主义者"急急组织一个团体"，这个团体是"平民的劳动家的政党"，要担负起"中国彻底的大改革"的责任。"南陈北李，相约建党"，1921年，中国共产党在上海宣告成立，李大钊理所当然成为中国共产党的主要创始人之一。李大钊同志既是伟大的革命者和战士，也是20世纪初我国思想文化界的翘楚。他留下大量哲学、经济学、法学、历史学、伦理学、美学、新闻学、图书管理学等诸多领域的著作、文稿和译著，为20世纪中国的思想文化建设作出了重要贡献。1927年4月6日，李大钊同志在北京被捕入狱，受尽严刑拷问，始终坚守信仰、初心不改、坚贞不屈、大义凛然，同年4月28日，惨遭反动军阀绞杀，年仅38岁。正如鲁迅先生所说："他的遗文却将永住，因为这是先驱者的遗产，革命史上的丰碑。"李大钊深深影响了青年毛泽东，"我在李大钊手下担任国立北京大学图书馆助理员的时候，思想就迅速地朝着马克思主义的方向发展了。"这是毛泽东在延安时的回忆。

在新文化运动的影响和推动下，1919年5月4日，爆发了一场以北京大学师生为骨干、以青年学生为主体，社会各界共同参与的中国人民彻底的反对帝国主义、封建主义的爱国运动，史称"五四运动"。北京大学是五四运动的策源地和大本营。五四运动直接影响了中国共产党的诞生和发展，中国共产党党史一般将其定义为"反帝反封建的爱国运动"，是一场深刻的思想解放运动，并以此运动作为旧民主主义革命和新民主主义革命的分水岭。五四运动促进了马克思主义理论在中国的广泛传播，使中国人民进一步认识到帝国主义侵略的本质和军阀统治的黑暗，同时提高了中国人民反帝反封建的决心和觉悟，促进了全国人民对改造中国问题的反思和探索。五四运动也揭开了新民主主义革命的序幕，无产阶级从此登上了政治舞台，民众的力量得到了广泛的发动。这些不仅使五四运动本身具有新民主主义革命的基本内涵，还直接为中国共产党的成立创造了阶级上、思想上和干部上的条件。

顺便说一下，新文化运动和五四运动把科学、民主的思想从西方引进来，但为什么同时要讨伐孔孟之道，要发出"打倒孔家店"这样的怒吼呢？儒家学派的初衷是使社会能够往更好的方向发展，经是好经，但被"歪嘴和尚"念错了，在几千年的传播过程中已经慢慢变质，蜕变成了统治者控制人们思想的工具。特别是由于对功名的渴望，全社会最有创造力的群体穷毕生之精力奋战在考取功名的征程中，全社会价值取向单一，行为方式偏斜，忽视了对于科学技术的研究与投入，思想与社会思潮也慢慢变得迂腐不化，这就是中国一步一步落后于世界的原因之一。现在我们提倡文化自信，大力弘扬中华优秀传统文化，这没错，问题是长期以来，曾经被我们猛烈抨击过的与现代社会特别是社会主义核心价值观完全对立的封建宗法制度、愚民制度、等级制度堂而皇之地重新登上大雅之堂，污染着社会，毒害着国民。前段时间，在北京大学东门外的临建墙上赫然写着四个字："克己复礼"。我很纳闷：克己复礼，复的是哪门子礼？克己复礼的"礼"早有定论，是指周代礼制即周礼。周礼完整地讲应称之为礼乐制度，分"礼"和"乐"两个部分，前者主要是确定并规范人的身份，最终形成固定的等级制度；后者主要是按照礼所确立的等级制度，运用特定的音乐进行表达，对人们进行潜移默化的"洗脑"，从而缓解社会矛盾。前者是西周封建制度的基础和前提，后者是西周封建社会运行的形式和保障。所以，克己复礼是说，只要我们克制自己，忍耐节欲，遵守等级，承认现实，就是"仁"，就是君子，就一定能够被社会认同、尊重，得到别人无法得到的许多"好处"，社会也能够有条不紊地长久运行下去，是谓"天不变，道亦不变"。你看，说来说去，还是要求下等人忍耐克己，遵从现有的等级制度和利益格局，不要造反，下等人也会得到很大的好处。因此说到底，对统治者和被统治者而言，最终都落到了一个字上："私"！这样的糟粕文化怎么能够大行其道，出现在首都，写在北京大学的临建墙上？

再比如，"不与渣人较真，碰着就立即躲开，自有别人收拾他"，这样的警示毫无疑问会得到大多数民众的高度认同。但试想，人人都躲开渣人，渣人是不是就总能得逞？渣人是不是会越来越"渣"？渣人是不是会越来越多？单靠警察和执法机构行吗？要知道，古今中外，在道德领域，政府的强制力在大多数情况下是无能为力的。也就是说，在良好的社会中，民间必然存在着有效的自我净化机制，必须有人、有很多人站出来与渣人斗争，以正压邪，以良克渣，社会才能自我净化。细细思量，"遇渣躲开"的价值取向和行为方式说到底还是一种根深蒂固的"自私"的思想文化意识，有利益我抢占，有风险你承担，枪打出头鸟，我搭便车就好。这样的糟粕文化盛行几千年了，给我们这个古老的民族带来多少伤痛?！前几年甚至发生过这样的事：重庆綦江一辆公共汽车上，一名渣人辱骂并拉扯司机要求停车。面对如此危险，满车乘客居然没有一人去制止，直到公共汽车翻到江中，所有人无一幸免！

当然，在国家、民族面临生死存亡之际，总有仁人志士挺身而出，唤起民众，承担起天下兴亡的"匹夫之责"，谱写中华民族可歌可泣的壮丽诗篇，这说明中华优秀传统文化大多数时候都占主流。

因此，我们一定要清楚，任何一个民族、任何一种文化都有它的优秀成分和劣质成分，既有精华也有糟粕。中国文化优秀成分很多，但糟粕也不少，就像房间一样，时间久了，里面不知不觉就会堆不少垃圾，甚至藏污纳垢、灰尘遍地，过一段时间就必须来一次彻底清扫。新文化运动和五四运动直指中国传统文化之糟粕并试图加以全面深刻改造，就是这个道理。

说到这里，还要特别介绍另外一位北大学人——陈独秀，因为他和中国共产党的孕育、成立及其初期发展密不可分。

1917 年 1 月，陈独秀被北京大学校长蔡元培聘请为文科学长。陈独秀被公认为是新文化运动的倡导者、发起者和主要旗手，五四运动的总司令，中国共产党的主要创始人之一和党早期主要领导人。历史上很多杰出人物都个性独特，有不少是反传统的，陈独秀就是这样的奇人。他知识渊博、才华横溢、活力四射，同时也个性鲜明、性格倔强甚至狂放不羁。陈独秀从小丧父，爷爷把他带大，对其严厉苛责，陈独秀从小挨打无数却从不掉泪，也不认错求饶，爷爷讲这可能是陈家的不幸，是不祥之兆。他受聘来到北京大学后，创办的《新青年》杂志编辑部也随之从上海移至北京，由一人主编改为同人刊物，并成立编委会。编委们聚会的地点常常是箭杆胡同 9 号陈独秀的寓所，这里因此成了新文化运动的指挥部，北京大学也因此成为新文化运动的中心，是当时中国思想界最活跃的阵地。

新文化运动特别是五四运动之后，陈独秀、李大钊等在传播马克思主义、发动和组织工人运动过程中，相约并积极开展建党工作。1920 年 6 月，陈独秀同李汉俊、俞秀松等人商议，起草了党的纲领草案 10 条。关于党的名称，陈独秀征求李大钊的意见，李大钊主张定名为"共产党"，陈独秀表示同意。同年 8 月，上海共产党早期组织在法租界老渔阳里 2 号《新青年》编辑部正式成立，取名"中国共产党"，陈独秀为书记。这是中国的第一个共产党早期组织，其成员主要是马克思主义研究会的骨干。11 月，陈独秀同共产党早期组织成员拟定《中国共产党宣言》，指出"共产主义者的目的是要按照共产主义者的理想，创造一个新的社会"。为达此目的，就要"组织一个革命的无产阶级的政党——共产党。共产党将要引导革命的无产阶级去向资本家争斗，并要从资本家手里获得政权——这政权是维持资本家的国家的；并要将这政权放在工人和农人的手里，正如一九一七年俄国共产党所做的一样"。

1921 年 7 月 23 日，中国共产党第一次全国代表大会在上海召开。由于会场受到暗探注意和法租界巡捕搜查，最后一天的会议转移到浙江嘉兴南湖举行。中共一大宣告中国共产党正式成立，这是开天辟地的大事变，中国历史由此掀开崭新的一页。陈独秀未出席中共一大，但在缺席的情况下，大会选举他担任中央局书记。中共一大之后，陈独秀辞去广东省教育委员会委员长一职，到上海主持中共中央的工作。

以陈独秀为首的中共中央，对中国共产党成立初期革命运动的开展发挥了重要领导作用。从中共一大到中共五大，陈独秀一直是党的最高领导人，始终发挥着无可替代的作用。大革命失败后的 1927 年 7 月 12 日，根据共产国际执委会的指示，中共中央进行改组，陈独秀从此离开中共中央最高领导岗位。

陈独秀晚年坎坷。1932 年 10 月，他第五次被国民政府逮捕，以"危害民国罪"被判处徒刑 13 年。在狱中，国民政府国防部部长何应钦单独面见他并向他求字，他挥毫写下"三军可夺帅，匹夫不可夺志也"。1937 年陈独秀被提前释放出狱后，蒋介石请他出任国民政府劳动部部长，被他拒绝；国民政府出资 10 万元请他另立党派，遭其痛斥；胡适出资要送他去美国撰写回忆录并安度晚年，被他婉拒。1938 年 8 月，陈独秀从汉口乘船溯江而上，到达四川江津居住，次年2月生病卧床。中共代表周恩来在辛亥革命元老、安徽人朱蕴山陪同下探访了陈独秀。朱蕴山说周恩来在百忙中特地和自己从重庆来看望他。周恩来劝说陈独秀放弃个人成见与固执，写个检查回到延安去。陈独秀对周、朱二人来看望自己表示感谢，但他说："李大钊死了，延年死了，……除周恩来、毛泽东，党中央没有我可靠的人了，我也落后了，年纪也大了，中央开会，我怎么办呢？我这个人又不愿被人牵着鼻子走，我何必弄得大家无结果而散呢。"看来，耿直的陈独秀秉性不改！1942年5月27日，陈独秀在贫病交加中于江津石墙院溘然长逝，令人唏嘘！

再回到北京大学。新文化运动以后的北京大学云集了当时中国一大批学贯中西、通晓古今的饱学之士和先进青年，那时的北京大学可谓是思想竞争的舞台，中西争锋、古今角力。但凡一个社会发生伟大变革，总是思想先行。思想先行意味着各种各样的思潮、思想都要去试错，都要参与争鸣、竞争。1915年前后，处于新文化运动中心的北京大学活跃着的思潮、思想、主义，林林总总有好几十种，如民主主义、自由主义、改良主义、个人主义、平民主义、工读主义、女权主义、独身主义、实用主义、复古主义、科学主义、三民主义、马克思主义、共产主义、社会主义、互助主义，等等。社会主义又有若干种，如国家社会主义、科学社会主义、空想社会主义、基尔特社会主义、贫民社会主义等。以至于胡适感叹，还是多研究些问题，少谈些主义吧。历史往往就是这样，各种各样的思想、思潮、主义你方唱罢我登场，实际上在北京大学形成了激烈的思想、理论、道路的争锋。如辜鸿铭，是贯通中西的大学者，但他坚决主张复古，要恢复一夫多妻制，拖条辫子，就是不剃头，有一批拥趸。还有胡适、鲁迅等新潮派，主张变革传统、走向现代，甚至认为中国的汉字有问题，是落后的语言文字导致了文化的落后，要求改革文字，用拼音代替汉字，也有一大批追随者。当然，竞争力最强的还是马克思主义。马克思主义产生于欧洲，在俄国落地后，催生了十月革命的一声炮响，接着来到了中国，首先来到了北京大学。事实证明，马克思主义在竞争中胜出了，胜出的标志就是被一批胸怀救国救民理想抱负、有知识有能力、敢于为共产主义献身的精英知识分子所接受。想想当年的北京大学，李大钊、陈独秀、毛泽东、张国焘、邓中夏、张太雷、高君宇、刘仁静等，可谓英才汇聚、群星璀璨，他们都接受并信仰了马克思主义、共产主义、社会主义。世界潮流浩浩汤汤，顺之者昌，逆之者亡。这些人创造了时势，时势也成就了他们，成就了中华民族。

新文化运动和五四运动的指挥中心就在北京大学红楼，红楼也是陈独秀、李大钊、毛泽东办公的地方，所以北京大学红楼了不起。2018 年 5 月习近平总书记来北京大学马克思主义学院视察，我汇报时曾说：中国共产党"十月怀胎在红楼，一朝分娩在红船"。红楼在北京大学，红船在浙江嘉兴。1921 年 7 月中国共产党成立的时候，全中国一共有 50 多位党员，其中北京大学师生或校友就有 24 位，主持会议的张国焘也是北京大学学生。出席中共一大的 13 名党代表中，有 6 位是北京大学师生或校友，选出的中央执行委员会临时中央局的 3 人中，2 人是北大人（陈独秀和张国焘）。1922 年党的二大选举产生的中央执行委员会的 5 人里，有 4 人是北京大学师生或校友（陈独秀、张国焘、高君宇、邓中夏）。1923 年党的三大选出的中央执行委员会有 9 个人，4 位是北京大学师生或校友。因此可以说，北京大学是中国共产党早期最重要的活动基地和人才基地，汇聚了大批马克思主义者。说北京大学是中国共产党的胞衣之地，传播了马克思主义，培养了大批骨干，孕育了中国共产党，也并不为过。

我经常说，北京大学是中国从近代社会进入现代社会的发动机，是中国从近代社会向现代社会过渡的思想库、人才库、知识库，也是各种力量发生化学反应的"搅拌机"。我曾经打过一个比方，可以把新文化运动和五四时期的几十种思想和社会思潮比喻成几十种中草药，放到北京大学这个"熔炉"里面煎熬若干年，药劲儿就出来了。这种能医治中华民族百年以来所患病症的"神药"，就是马克思列宁主义与中国实践、中国历史文化相结合的产物——中国化的马克思列宁主义，即毛泽东思想。北京大学对于中国近现代史、对于中华民族复兴的关键作用，正在于此！

我们说，中国共产党是世界政党史上的一个奇迹，是因为她是一个最有作为的大党。对于一个政党来说，最重要的有两条。一是党的指导思想和历史使命是什么。实际上不只是政党，对于任何一个组织来说，指导思想和历史使命都至关重要，它决定这个组织的行为方式、思维习惯、价值取向、工作内容、努力状态和奋斗目标。中国共产党从成立那天起，就以马克思列宁主义作为自己的指导思想，马克思列宁主义说到底就是要把人类有史以来少数人统治、剥削、压迫、奴役多数人的状况反转过来，把占大多数的底层的穷人、平民百姓即被压迫者组织起来并变成社会的主人，建立人人平等的理想社会。按照马克思列宁主义的基本理论，中国共产党就是为达到这样的目的而产生的无产阶级的先锋队，由人民群众中的先进分子组成。共产党所奋斗追求的目标是共产主义的新社会制度，通俗地说就是：新社会是大家的社会，大家的事大家做主，大家的事大家干，美好的社会大家共建，劳动成果和美好的生活大家共享。二是党的骨干力量是什么人。确定了指导思想和历史使命，就要以此聚合全社会优秀、杰出的人才作为党的工作和行动的骨干。先进的思想、科学的理论吸引、感召社会优秀、杰出的人才并成为他们毕生的信仰，优秀、杰出的人才也必然在积极寻求救国救民的真理，二者一拍即合。伟大的群体找到了伟大的思想武器，就可以改天换地、改造社会。所以，五四运动两年后的1921年，古老的中华民族发生了开天辟地的大事变——中国共产党成立了。

根据粗略统计，在新民主主义革命时期，北京大学（包括西南联大时期）有90多位师生校友为初心使命献出了宝贵的生命。这批北大人有一个共同的特点：他们非常执着，用今天的话讲叫理想信念坚定、视死如归，那种精气神是一般人难以具备的。为了一种主义、为了一种信仰、为了自己选定的初心使命，矢志不渝，豁出命来也要干到底，这就叫初心不改、使命不变，这也应该是北大人应有的一种精神力量。

比如邓中夏，1917 年入北京大学国文门学习，1920 年 3 月在李大钊的领导下，与何孟雄、黄日葵、高尚德、罗章龙等秘密组织了马克思学说研究会，同年 10 月参加北京的共产党早期组织。他是公认的马克思主义理论家，工人运动的领袖，是中共第二届、第五届中央委员，第三届、第六届中央候补委员，中央临时政治局候补委员。1925 年中华全国总工会成立后，任秘书长兼宣传部长，参与组织领导省港大罢工。大革命失败后，参加党的八七会议，被选为中央临时政治局候补委员。1933 年 5 月被捕。1933 年 9 月 21 日，他高呼着"中国共产党万岁"的口号，昂首走向刑场，英勇就义。

再比如何孟雄，1919 年 3 月入北京大学旁听，1920 年 3 月在李大钊的引导下加入北京社会主义青年团和北京共产党早期组织。1921 年 7 月中国共产党成立时，何孟雄是全国最早的 50 多名党员之一，是北方工人运动的领袖、无产阶级革命家和政治活动家。他早年在长沙求学期间，与毛泽东、蔡和森等交往密切，建立了革命友谊。大革命失败后，曾任中共江苏省委常委、淮安特委书记，江苏省委常委兼农民运动委员会书记、军事委员会书记、南京市委书记，上海沪东、沪中、沪西区委书记等职。1931 年 1 月，何孟雄在上海被捕。2 月 7 日，何孟雄英勇就义，年仅 32 岁。

在此，我无法一一介绍这些为了新民主主义革命而牺牲的师生校友，让我们对他们致以崇高的敬礼！

/ 二 /

新中国成立以后，我们进入了社会主义革命和建设时期，报效国家的方式发生了变化。北大人过去在革命中流血，和平时期则在建设中流汗，当然有时也会流血。

20 世纪 50 年代中期，世界军备竞赛激烈，核讹诈形势严峻，严重威胁新中国的生存和发展。毛泽东毅然作出发展导弹、核弹、人造地球卫星的重大战略决策。从 1956 年开始，仅用 4 年时间，1960 年我国就成功发射了第一枚导弹；8 年后的 1964 年，我国自行研制的第一颗原子弹爆炸成功；11 年后的 1967 年，第一颗氢弹又爆炸成功；14 年后的 1970 年，我国采用自行研制的长征号运载火箭，成功发射了第一颗人造卫星——东方红一号，成为世界上第五个能独立发射人造地球卫星的国家。此后，我国国防科技工业迅速发展，很快掌握了中子弹设计技术、核武器小型化技术、各种型号的战略战术导弹和运载火箭技术、潜艇水下发射技术、多颗返回式卫星技术、地球同步轨道及太阳同步轨道卫星技术等。"两弹一星"事业所取得的巨大成就，不仅使中国人民挺直了腰杆，而且为新中国赢得了前所未有的安全建设环境。正如邓小平同志曾经指出的那样："如果六十年代以来中国没有原子弹、氢弹，没有发射卫星，中国就不能叫有重要影响的大国，就没有现在这样的国际地位。这些东西反映一个民族的能力，也是一个民族、一个国家兴旺发达的标志。"

在以"两弹一星"为代表的新中国国防事业建设中，北大人一马当先，奋战在各条战线，有的付出了宝贵的生命。

1935 年毕业于北京大学物理系的郭永怀院士，是我国著名力学家、应用数学家、空气动力学家，也是近代力学事业的奠基人之一。他长期从事航空工程研究，发现了上临界马赫数，发展了奇异摄动理论中的变形坐标法，即国际上公认的 PLK 方法。郭永怀胸怀祖国、放眼世界、不计名利、无私奉献，为新中国核弹、导弹和航天事业作出了不可替代的贡献。1968 年 12 月 5 日，他因飞机失事不幸牺牲。人们在清理残骸时发现，他和秘书紧紧抱在一起，二人用躯体保全了实验数据等机密资料。同年 12 月 25 日，郭永怀被追认为烈士。2018 年 7 月，国际小行星中心正式向国际社会发布公告，编号为 212796 号的小行星被永久命名为"郭永怀星"。

1964 年 10 月 16 日我国成功爆炸第一颗原子弹后，接着开始研制氢弹并于 1967 年 6 月 17 日爆炸成功。从原子弹到氢弹，美国用了七年四个月，苏联用了四年，英国用了四年七个月，法国用了八年六个月，中国用了两年八个月。1949 年毕业于北京大学物理系的于敏正是中国氢弹研制的关键人物，以其卓越的成就被誉为"中国氢弹之父"。于敏是土生土长的科学家，没有留过学，1980 年当选为中国科学院学部委员（院士）。他在中国氢弹原理突破中解决了一系列原创性的基础理论问题，提出了从原理到构形基本完整的设想，发挥了关键作用。他长期领导核武器理论研究、设计，解决了大量理论问题，为中国核武器提升到国际先进水平作出了重要贡献，多次获国家自然科学奖一等奖、国家科技进步奖特等奖、杰出科学家奖。1985 年荣获"五一劳动奖章"，1987 年获"全国劳动模范"称号，1999 年被国家授予"两弹一星"功勋奖章，2014 年度国家最高科技奖获得者。2018 年 12 月 18 日，党中央、国务院授予于敏改革先锋称号，颁授改革先锋奖章，并被评为"国防科技事业改革发展的重要推动者"。2019 年 1 月 16 日，于敏在北京逝世，享年 93 岁。同年 9 月 17 日，国家主席习近平签署主席令，授予于敏"共和国勋章"。于敏精通诗词歌赋，他能在大家遇到困难、心情沮丧的时候，把《出师表》倒背如流，当时在场的几十人听他背到为国"鞠躬尽瘁，死而后已"时，都掉下了眼泪。这就是北大人。

还有朱光亚先生，他被誉为"中国的奥本海默"，是科学家之师，是科学家中的"众帅之帅"。他也是北大人，1950 年拒绝美国经济合作总署（ECA）的旅费，告别女友，取道香港回到北京。归国前，他牵头与 51 名留美同学联名撰写了《给留美同学的一封公开信》，呼吁海外中国留学生回国参加祖国建设。回国后，他担任北京大学物理系副教授，为大学生开设普通物理、光学等课程。朱光亚参与组织领导中国原子弹、氢弹的研制及历次核试验，为中国核武器事业的创建与发展作出重大贡献。他还参与组织领导秦山核电站筹建、放射性同位素应用开发研究、国家高技术发展研究计划的制订与实施、国防科技与武器装备发展战略研究等工作。1980 年，他当选为中国科学院学部委员（院士），1994 年被选聘为首批中国工程院院士。1999 年 9 月 18 日，朱光亚被授予"两弹一星"功勋奖章。2004 年 12 月，为表彰朱光亚对中国科技事业特别是原子能科技事业发展作出的杰出贡献，国际小行星中心和国际小行星命名委员会批准将中国国家天文台发现的、国际编号为 10388 号小行星正式命名为"朱光亚星"。朱光亚同志是老一辈科学家中才识与品行双馨的杰出代表，他厚德载物、行为世范，坚持原则、勇于担当，光明磊落、谦虚谨慎，"淡泊以明志，宁静以致远"，始终保持了一名共产党员和革命军人的优良传统。

在攻克"两弹一星"时，朱光亚和同事们每天工作十几个小时，夜以继日。遇到核辐射，他们都是把安全留给别人，把危险留给自己。他们中的大部分人多年隐姓埋名（于敏隐姓埋名 28 年），家人也未必知道。他们工作在戈壁荒漠，每晚灯火通明、研讨交流，攻关成功后，没有人知道这个突破是谁干出来的，有成果都是大家的、集体的，哪有为排名发生纠纷的？

现在有一种观点，认为科学研究是个体劳动，只有保护好知识产权才能调动科技人员的积极性，因此署名是非常重要的。这句话从逻辑上讲似乎没问题，但是事实上未必是放之四海而皆准的。新中国成立初期那批科学家就不是这样，他们一不为名，二不为利，所思所想、为之奋斗的目标就是国家强大、民族复兴、人民幸福，没有人是为了发表论文进行研究，所有的研究工作都是问题导向，目标十分明确。他们也不为利。杨振宁曾问邓稼先："你们搞'两弹一星'，得了多少奖金？"邓稼先的夫人许鹿希回答说奖金是 10 元，邓稼先纠正说："不，是原子弹 10 元，氢弹 10 元，一共 20 元！"这就是新中国成立初期的科学家群体！你可能会问，他们到底是为了什么？我们完全可以回答，他们就是为了坚守初心、担当使命。也正因为如此，党和国家从他们的奋斗历程中概括出了"两弹一星"精神：热爱祖国、无私奉献，自力更生、艰苦奋斗，大力协同、勇于登攀。这 24 个字准不准？很准。

1999 年 9 月 18 日，中共中央、国务院、中央军委在人民大会堂隆重召开表彰大会，授予 23 位功勋卓著的科学家"两弹一星"功勋奖章，其中北大人就有 12 位（包括西南联大时期），他们是：赵九章、郭永怀、钱三强、彭桓武、陈芳允、屠守锷、杨嘉墀、王希季、邓稼先、朱光亚、于敏、周光召。

下面再重点介绍一下屠呦呦。她 1951 年考入北京大学医学院药学系生药专业，1955 年毕业后从事中药和西药结合研究，突出贡献是创制新型抗疟药青蒿素和双氢青蒿素。1972 年，她和同事成功提取了分子式为 $C_{15}H_{22}O_5$ 的无色结晶体，命名为青蒿素。2011 年 9 月，因发现青蒿素——一种用于治疗疟疾的药物，挽救了全球特别是发展中国家数百万人的生命，屠呦呦获得拉斯克奖和葛兰素史克中国研发中心"生命科学杰出成就奖"；2015 年 10 月，获得诺贝尔生理学或医学奖。她是中国本土首获科学类诺贝尔奖的中国人，也获得了国家最高科学技术奖。2018 年 12 月 18 日，党中央、国务院授予屠呦呦改革先锋称号，颁授改革先锋奖章。她淡泊名利、谦逊朴实，总是强调荣誉属于祖国，荣誉属于大家、属于集体。

新中国成立以后，北京大学为国家建设各领域培养了大批又红又专的人才；在科学研究方面，北大人接连不断牵头或参与国家重大科研项目，如"两弹一星"、百万次计算机、人工合成结晶牛胰岛素、芯片等的研究工作。这里特别要说说芯片。从 20 世纪 50 年代开始，包括北大人在内的研究团队夜以继日、废寝忘食地攻关这个项目，到 1975 年时，中国的芯片技术只比美国英特尔整体落后四年左右。美国的策略一贯是，当我们差距很大的时候，他们高价卖给我们芯片，但当我们快要赶上时，他们就大幅度降价。很可惜，我们觉得降价后的芯片如此便宜，造不如买，自己的芯片研究项目就下马了。这实在令人扼腕叹息。如果我国从 1975 年独立自主一直把芯片研究干下去，就不会是现在这个样子。还有很多大项目如大飞机也是这样，被美国麦道公司降价诱导，我们自废武功，下马了自己本来已经试飞成功的运-10 大飞机项目。

谈北京大学的杰出科学家，就不能不说王选先生。1954 年秋，王选考入北京大学数学力学系，选择了计算机数学专业。1958 年毕业后留校，在无线电系当助教，主持电子管计算机逻辑设计和整机调试工作。他逐步领悟到只有同时掌握硬件设计和程序与应用，才能产生创新。1975 年，作为技术总负责人，王选先生领导中国计算机汉字激光照排系统和后来的电子出版系统的研制工作，1977 年获得成功，标志着汉字"告别铅与火，迎来了光与电"的时代。他的科研事迹十分感人。那时坐公共汽车去查资料，为节省五分钱的科研经费，他宁肯提前一站下车，步行一站路。就是在这种条件下，王选先生几十年如一日孜孜以求，成为伟大的科学家。他后来接受采访时说："现在我的资源太多了，经费那么多，我特别希望我们的科研经费能向年轻人倾斜，他们是最需要经费的，对此我有感受。"

在那个时候的大学里，虽然教学是主要的，科研是次要的，但那代科学家深深懂得，不摆脱科学技术落后的状况，祖国就不能强大，人民就不能幸福，中华民族就不可能屹立于世界民族之林。他们以实际行动完整诠释了科学家精神：胸怀祖国、服务人民的爱国精神，勇攀高峰、敢为人先的创新精神，追求真理、严谨治学的求实精神，淡泊名利、潜心研究的奉献精神，集智攻关、团结协作的协同精神，甘为人梯、奖掖后学的育人精神。

我们现在经常讲，基础学科必须搞好基础理论研究，应用学科必须和国家发展战略需要相结合。但是，现在我们有很多研究以发表论文为目的，偏离问题导向，距离国家战略需求还是比较远的，或者至少不那么贴近国家战略需求。而老一代科学家们起心动念都在聚焦国家需要什么，而不是怎么更快发表论文去评教授、评院士。比如国家最高科学技术奖获得者，被誉为"中国稀土之父""稀土界的袁隆平"的徐光宪先生，长期在北京大学工作，几十年来为适应国家需要，四次变更科研方向，涉及量子化学、化学键理论、配位化学、萃取化学、核燃料化学和稀土科学等领域，基于对稀土化学键、配位化学和物质结构等基本规律的深刻认识，发现了稀土溶剂萃取体系具有"恒定混合萃取比"基本规律，在 20 世纪 70 年代建立了具有普适性的串级萃取理论。每次变换科研方向，他都能服从国家科技需求，看准前沿，聚焦问题。他之所以能取得累累硕果，固然是由于具有广博深厚的学科基础，但最重要的还是有为祖国科研事业拼搏的强大精神驱动力。

讲到这里，就有必要接着讲一位中华民族的历史巨人，也是人类历史的巨人——毛泽东。青年毛泽东曾两次来到北京大学。1918 年 8 月—1919 年 3 月，毛泽东第一次来到北京大学，经哲学系杨昌济教授介绍认识李大钊，被聘为北京大学图书馆职员，工作之余积极参加北京大学"哲学研究会""新闻学研究会"的活动。1919 年 12 月—1920 年 4 月，毛泽东第二次来北京，虽然不在北京大学工作，但他率领的驱张（敬尧）代表团多次与"辅仁社"同仁和旅京湖南学生在北京大学集会，并在此期间加入"北京大学平民教育讲演团"和"少年中国学会"。他利用北京大学的条件，精读《共产党宣言》等经典著作，树立了对马克思主义的完全信仰。毛泽东说过："我在李大钊手下在国立北京大学当图书馆助理员的时候，就迅速地朝着马克思主义的方向发展"。"我第二次到北京期间，读了许多关于俄国情况的书。我热心地搜寻那时候能找到的为数不多的用中文写的共产主义书籍。有三本书特别深地铭刻在我的心中，建立起我对马克思主义的信仰。我一旦接受了马克思主义是对历史的正确解释以后，我对马克思主义的信仰就没有动摇过。这三本书是：《共产党宣言》，陈望道译，这是用中文出版的第一本马克思主义的书；《阶级斗争》，考茨基著；《社会主义史》，柯卡普著。到了一九二〇年夏天，在理论上，而且在某种程度的行动上，我已成为一个马克思主义者了，而且从此我也认为自己是一个马克思主义者了。"因此可以说，北京大学对青年毛泽东毕生选择马克思主义信仰起到了决定性作用。

　　无论后人如何毁誉毛泽东，不争的事实是：毛泽东领导中国共产党和中国人民取得了新民主主义革命的胜利，中国人民从此当家作主、站立起来了；完成了生产资料所有制的社会主义改造，聚沙成塔，建立了集中力量办大事的举国体制；奇迹般地取得了社会主义工业化和经济社会建设的伟大成就。所有这些，都为改革开放以来的社会主义现代化建设和中华民族的伟大复兴奠定了根本基础。

　　对于毛泽东，我在这里就不多作评价了，只列举我国官方以及国内外一些政要和知名人士对毛泽东的评价就足够了。

中国人民："东方红太阳升，中国出了个毛泽东，他为人民谋幸福，他是人民的大救星。"

《关于建国以来党的若干历史问题的决议》中说："毛泽东同志是伟大的马克思主义者，是伟大的无产阶级革命家、战略家和理论家。他为我们党和中国人民解放军的创立和发展，为中国各族人民解放事业的胜利，为中华人民共和国的缔造和我国社会主义事业的发展，建立了永远不可磨灭的功勋。他为世界被压迫民族的解放和人类进步事业作出了重大的贡献。"

习近平总书记《在纪念毛泽东同志诞辰 120 周年座谈会上的讲话》中说："毛泽东同志是伟大的马克思主义者，伟大的无产阶级革命家、战略家、理论家，是马克思主义中国化的伟大开拓者，是近代以来中国伟大的爱国者和民族英雄，是党的第一代中央领导集体的核心，是领导中国人民彻底改变自己命运和国家面貌的一代伟人。""毛泽东同志属于中国，也属于世界。他不仅赢得了全党全国各族人民爱戴和敬仰，而且赢得了世界上一切向往进步的人们敬佩。""邓小平同志说，毛泽东思想这个旗帜丢不得，丢掉了实际上就否定了我们党的光辉历史；任何时候都不能动摇高举毛泽东思想旗帜的原则，我们将永远高举毛泽东思想的旗帜前进。"

周恩来对博古说过："你我都是吃过洋面包的，你是留俄的，我是留日留法的，我们这些吃过洋面包的人都有一个大缺点，就是对中国的国情不是那么了解。自从我领导南昌起义失败以后，我就知道中国革命靠我们这些人来领导不行，我们要找一个真正懂中国的人，这个人才有资格领导中国革命。老毛是这样的人，他懂中国。你我当不上领袖，老毛行，和蒋介石斗，只有老毛行，你我都不行。我们共同辅佐他，大家齐心协力把这件事情搞成。"

刘少奇说过："毛泽东同志，是我们党的领袖，但他又是我们党的一个普通党员，他是在党的支配之下，并以最谨慎的态度来遵守党的一切纪律的，他是人民群众的领袖，但他的一切都根据人民群众的意志，他在人民面前是最忠实的勤务员和最恭谨的小学生。"

邓小平说过:"我们任何时候都不能损害毛泽东同志在整个中国革命史上的光辉形象,不能动摇高举毛泽东思想旗帜的原则。我们要有这个觉悟,要有这个认识。这不但是中国共产党的利益所在,中华民族的利益所在,而且是国际共产主义运动的利益所在。""没有毛主席就没有新中国,这丝毫不是什么夸张。……没有毛泽东思想,就没有今天的中国共产党,这也丝毫不是什么夸张。""没有毛主席,至少我们中国人民还要在黑暗中摸索更长的时间。"

叶剑英说过:"毛、刘、周、朱、陈、林、邓,除了毛主席的后六位,还有各位老师等其他人,我叶剑英也算一个,从一定意义上讲,哪一个都不是省油的灯,让我们从心底佩服一个人不容易。但在长期的中国革命斗争中,大家逐渐认识了毛主席。别人也都当过头、掌过舵,但都不行,只有毛主席,把我们这些人拢起来,干成了建立新中国并开始建设社会主义这件大事情。"

吉斯卡尔·德斯坦(1974—1981 年担任法国总统)说:"毛泽东的去世,使人类的一座思想灯塔熄灭了。""现代社会变化很快,很多国家元首都被人忘记了,只有少数人仍被人所知。例如法国的戴高乐将军,法国人却知道他,敬重他,那么在中国,毛泽东也是一样"。"现代社会的国家领导人并不体现一种哲学思想,他们只是解决一些问题,诸如经济、社会、军事等等。法国人却认为毛泽东体现了一种哲学思想,并且努力地把它付诸行动,即总是给予中国人民最大的权力和最高的地位。"

普京说:"他赢得了绝大多数人和许多正直善良的外国领导人由衷的和发自内心的崇拜!"

《斯特朗文集》中说:"毛泽东通过密切联系人民群众,深入分析和对中国人民的悠久历史进行研究的方法,获得了一种关于中国人民的信念,这种信念不是唯心主义的,而是对中国人民的能力、毅力和可以启发的国民觉悟具有一种永不动摇的信念。"

钱学森说:"毛主席曾多次亲自教诲我,每一次都给我增添了登攀高峰的力量。"

李敖说："毛泽东时代，人民生活水平提高得不是很快。但这是为了筹集工业化资金，首先节衣缩食积累工业资金，将自己的工业发展起来，然后利用工业创造的财富享受美好生活。""毛泽东是中华民族五千年来第一人。"

毛泽东是中华民族的骄傲，当然北大人也因为他与北京大学的特殊关系而倍感自豪！

/ 三 /

历史进入到改革开放时期和新时代。发轫于1978年的改革开放至今已走过40多个年头，北大人更是站在历史新的起点，解放思想、锐意进取，谱写出又一华丽篇章。1981年3月，北大学子喊出了"团结起来，振兴中华"；1984年国庆游行时，北大学子打出了"小平您好"的横幅。这两个口号集中表达了北大人坚决支持改革开放、自觉融入民族振兴伟大洪流的坚定信念，是时代最强音，体现出北大人的家国情怀和精神风貌。

2018年12月18日，庆祝改革开放40周年大会在人民大会堂举行，中共中央、国务院决定授予100名同志改革先锋称号，北京大学校友和教师有11人，占11%，居全国高校之最。他们是：国防科技事业改革发展的重要推动者于敏，科技体制改革的实践探索者王选，推动依法治国的理论创新者王家福，经济体制改革的积极倡导者厉以宁，海归创业报国推动科技创新的优秀代表李彦宏，司法体制改革的"燃灯者"邹碧华，经济体制改革理论的探索者林毅夫，真理标准大讨论的代表人物胡福明，公共卫生事件应急体系建设的重要推动者钟南山，中医药科技创新的优秀代表屠呦呦，文物有效保护的探索者樊锦诗。

北京大学有六位校友被授予"共和国勋章"国家荣誉称号，他们是：于敏、屠呦呦、吴文俊、顾方舟、高铭暄、樊锦诗。樊锦诗 1963 年毕业于北京大学历史系考古学专业，同年 9 月到敦煌文物研究所工作，1977 年任副所长，1984 年 8 月任敦煌研究院副院长，1998 年 4 月任敦煌研究院院长，2015 年 1 月起任敦煌研究院名誉院长。樊锦诗大学毕业后就扎根甘肃敦煌，一干就是一辈子。1963 年时的莫高窟，工作生活条件非常艰苦，每年大概有一半时间有沙尘暴。她克服严重水土不服引起的身体不适等困难，择一事、终一生，毕生潜心于石窟考古研究工作。她把敦煌文化遗产保护、研究、弘扬、管理工作当作终身事业，在敦煌莫高窟永久保存与永续利用等方面作出重大贡献，被誉为"敦煌的女儿"。庆祝改革开放 40 周年大会以后，北京大学把樊锦诗先生请回来了，学生们说她是北京大学的女神，了不起！樊锦诗先生生活简朴、淡泊名利，她每次领完奖回到单位，第一件事就是上交奖章、奖状、奖金，她说这些荣誉属于所有为莫高窟作出贡献的人。如今，83 岁高龄的樊锦诗先生还在为编写第二卷敦煌石窟考古报告殚精竭虑。她视敦煌石窟的安危如生命，积极推动敦煌研究院在全国率先开展文物保护专项法规和保护规划建设，促成《甘肃敦煌莫高窟保护条例》颁布，使莫高窟的保护、研究、利用和管理纳入法治化和规范化轨道。

2019 年 9 月 25 日，"最美奋斗者"表彰大会在京举行。中央宣传部、中央组织部等部门决定，授予 278 名个人、22 个集体"最美奋斗者"称号。北京大学共有 20 位校友获得"最美奋斗者"称号，他们是：马寅初、王选、王忠诚、吴大观、吴文俊、李泉新、邹碧华、陈俊武、孟二冬、林巧稚、郑学勤、胡福明、钟南山、柴生芳、顾方舟、高铭暄、屠呦呦、彭加木、蒋筑英、樊锦诗。

大家有时间时可以进一步了解，上述北大人个个都有感人至深的故事，每一位都在用生命诠释着北大人的初心使命，这就是北大人的家国情怀和责任担当。北京大学的荣光滋养着我们这些后人，正所谓"前人栽树，后人乘凉"。我们要一边"乘凉"，一边全力以赴"栽树"，要让我们的后人也能够"乘凉"。

北京大学是一本书，作者就是每一位北大人。这本书要一代一代写下去，永远没有结尾，只有属于我们自己撰写的一页。写得如何，是好还是坏，优良还是低劣，全由我们自己主导决定。读者就是国家和人民，乃至我们的中华民族。当然，如果这本书足够精彩，读者也必然会是全人类！

俗话说，"铁打的营盘流水的兵"。我也经常说，"铁打的学校流水的师生"。历史到了我们这一代，业绩会怎么样？表现会如何？我觉得这是现在所有的北大人都应该思考的问题。北京大学以文理医见长，工科也很了不得，我们有大量的研究项目、研究经费和研究人员，产出了大批研究成果。应该说北大人在每一个时期，在科学研究方面都作出了自己的贡献，这是毫无疑问的。

当然，我们总是会横向或纵向对比。比如 20 世纪 50—80 年代，就在这短短的 20 多年中，能够在全球产生重大影响、推动科学技术重大创新的重量级研究成果，北京大学几乎没断档过："两弹一星"、人工合成结晶牛胰岛素、芯片、百万次电子计算机、青蒿素、汉字激光照排系统，等等。北大师生还参与了大批新中国经济社会发展攻坚克难的科技项目，为新中国科技教育大踏步赶上世界先进水平作出了宝贵贡献。但后来，包括北京大学在内的高校产生的重大标志性科学技术成果总体上看显示度不够，反倒是大批央企如航天科技、航天科工以及民营企业如华为等，在经济社会和国防建设主战场上大显身手。原因何在？这个问题值得我们深入思考。需要说明的是，20 世纪 80 年代以后，北大师生发表的学术论文数量逐年增长，现在每年发表近 1 万篇。发表论文很多，正面的评价是其中可能蕴含着大量的科学技术创新成果，当然也有批评的，说这是凑数，唯文章论，为发表而发表。我们要认真研究这种现象。如果在落实习近平总书记"把论文写在祖国大地上"的要求时出现了偏差，单纯以论文数量论英雄，我们就应该立即纠偏改正，甚至在办学导向上来一个大的拨乱反正。

近年来，我们国家在科学技术上的追赶态势非常突出，比如天眼、蛟龙号、高铁、神舟系列飞船、量子卫星、量子计算机、航空母舰、大飞机、5G（现在已经开始搞6G研究了），还有人造太阳、北斗卫星导航系统、生物克隆技术等，这些都是在国际上引起重大影响的科学技术综合创新大项目，但是这些项目总体上看由高校主持或者主导的并不多，由北京大学主持或者主导的更不多。

比如，中美经贸易摩擦一开始，就出了中兴事件，我们被卡了脖子，非常被动。中兴的侯为贵曾被评为全国经济人物，那时我作为评委给他写了一段话：中兴能够从遵循国际规则到制定国际标准，这是中国制造业了不起的奇迹。中兴是非常优秀的公司，侯为贵一班人很能干，绝对够得上"优秀企业家团队"称号，但是最后被美国锁喉了，我们不得不同意美国派人进来监督。我们的公司被美国监管，还没办法不同意，这是不是一种屈辱？

紧接着美国开始制裁华为。华为是给我们提气争光的，顶着美国的制裁，2019年第三季度销售收入增长24%，达到了6108亿元；5G基站发货40万套，主要销往欧洲；手机发货1.85亿台，增长26%。2018年在国内纳税905亿元人民币，近10年累计纳税5000多亿元，解决了18万人的就业问题。特朗普举全美国之力围堵华为，这在人类历史上是没有过的，更不要说在美国历史上了。我曾把华为作为案例去研究，主要回答三个问题：第一，华为为什么不赚快钱？其实华为赚快钱非常容易，比如做房地产、金融，但它没有；第二，华为为什么不上市？只要一上市，哪怕持有华为0.1%股权的员工，都会是千万富翁，但它没有去上市；第三，华为为什么投入这么多钱去搞创新，特别是要搞备胎计划？谁能想到它在搞备胎计划呢？而且这个备胎计划，20年前就开始搞了，就是为了应对有朝一日被美国等西方国家"卡脖子"。我在给广东一批企业家讲课时说："华为应该算得上是我们国家和民族的脊梁，任正非应该算得上是国家和民族的栋梁。"大家认为是不是？我们看《三国演义》，每到危急的时候，都会有大将横刀立马：主公莫急，某来也！20世纪五六十年代的北京大学可以讲这个话：祖国莫急，北京大学来也！今天的华为能讲这个话，北京大学行吗？北京大学当然不能和华为去比人才培养。华为要是被锁喉了，中国的信息科学技术行业会是什么情况？

可是，在20世纪80年代和华为同时产生的一批所谓的高新技术企业呢？一批所谓的企业家呢？他们一直在想什么、干什么呢？试想，我们这个国家如果有3—5个华为，世界信息高科技领域的格局将会是何等样子？遗憾的是，我们过去是有可能做到的，但没有更多的人去做，大家争相去搞贸易赚快钱，去搞房地产、金融赚大钱、赚快钱，这不能不说是莫大的遗憾！

2018年"国家三大奖"（国家自然科学奖、技术发明奖、科学技术进步奖）评选结果公布，北京大学几乎全军覆没，勉强在高校排名第21位。这里面可能有些客观原因，但我们不能拿客观原因自我安慰，而应该认真反省：问题出在哪里？我们的工作距离国家重大战略需求是不是太远？

我讲的这些不是定论，属于探讨。我认为，像北京大学这样的名校，应该谋划推进彪炳史册的伟业，在每一个时代都应该这样。大学的核心使命是立德树人，中心任务是人才培养，培养人才最好的办法是在科学研究中培养，跟着老师、学长在干中学、在学中干，老一辈科学家都是这么成长起来的。现在的博士研究生快毕业时还在为确定论文题目犯愁，不是很滑稽吗？著名教育家梅贻琦说过："学校犹水也，师生犹鱼也，其行动犹游泳也，大鱼前导，小鱼尾随，是从游也。从游既久，其濡染观摩之效自不求而至，不为而成。反观今日师生关系，直一奏技者与看客之关系耳，去从游之义不綦远哉！"这个比喻很形象：师生在学校这片水里共游，老师在前导游，学生在后从游，耳濡目染，游技渐进！就是说，导师不仅传授知识，还应处处率先垂范。如此，家国情怀就能弥漫校园，知识学问就会薪火相传，品德情操也可以在互动中内化于心、外化于行，弦歌不辍、荣光永续！

最后，我想用几句话和大家共勉：北京大学的伟大是那些先贤们铸就的，已经属于过去，走进了北京大学校史；北京大学未来将会更加伟大，这是吾辈的重任与担当，我们必须开启未来，创造北京大学新的辉煌！

中国共产党人的初心使命也就是北大人的初心使命，那就是：为中国人民谋幸福，为中华民族谋复兴，为世界人民谋进步！

谢谢大家。

主编按语

于鸿君教授的这个报告选题有特色：以北京大学为切入点，以近代和当代中国为落脚点，以小见大、见微知著。于教授作为从北京大学毕业的学生，在北京大学工作多年的老师、学校领导、马克思主义学院院长，主讲这样的题目可以说再合适不过了。

这个报告从近代中华民族救亡图存的艰辛探索、五四前后北大人的家国情怀与理想信念、民主革命中的先烈精神、投身社会主义建设的奉献精神、勇当改革先锋的时代精神、新时代北大人任重道远诸多方面梳理了北大人为了祖国和人民所作出的努力和奉献，以生动的史实诠释了习近平总书记对于北京大学的历史定位："长期以来，北京大学广大师生始终与祖国和人民共命运、与时代和社会同前进，在各条战线上为我国革命、建设、改革事业作出了重要贡献。"

这个报告突出的亮点是：整个报告就像是一场春风化雨的座谈会，语重心长、娓娓道来地和青年学子谈心；思想深刻、语言风趣、内容丰富、气氛活跃；以生动的事例介绍了革命、建设、改革等各个时期北京大学先贤的光辉事迹，深刻地诠释了北大人的初心使命就是中国共产党人的初心使命。

科学认识"三期叠加"特征，坚决打好打赢污染防治攻坚战

王金南

中国工程院院士。生态环境部环境规划院院长，国家环境规划与政策模拟重点实验室主任、中国环境科学学会理事长、国家生态环境专家委员会副主任、国家气候变化专家委员会副主任，国家环保专业技术领军人才，全国人大环境与资源保护委员会委员。北京大学、南京大学、浙江大学兼职教授，《中国环境管理》等七个国内外杂志的主编或编委。

各位老师，各位同学，早上好！很高兴今天有这么一个机会，将我自己工作的一些体会，特别是关于习近平生态文明思想的学习和研究，跟大家作一个交流。

大家可能知道，2018年5月18日，中央召开了全国生态环境保护大会。习近平总书记在大会上作了报告，李克强总理和韩正副总理分别就新时期生态环境保护和污染防治攻坚战作出部署。这个大会有以下几个特点，可以概括为"四个第一"：第一次由党中央召开。从1973年到2011年，中国先后召开过七次全国环境保护会议或者大会，这次是第一次由中央召开，以前都是由国务院召开；习近平总书记第一次出席大会并发表重要讲话；第一次以党中央、国务院的名义印发了相关的文件，习近平总书记的讲话最近也在《求是》杂志上发表了；第一次修改了大会名称，以前叫"全国环境保护大会"，这次加了"生态"两个字，叫"全国生态环境保护大会"，过去比较侧重于污染防治，现在把生态保护和修复放在了同等重要的位置。

这次会议的一个标志性成果就是确定了习近平生态文明思想。习近平生态文明思想是习近平新时代中国特色社会主义思想中一个很重要的内容，特别是在国家生态文明建设、生态环境保护方面，是引领性的思想。2019年两会期间，习近平总书记参加了内蒙古代表团的审议，就生态文明建设发表了重要讲话，基调就是要保持和加强生态文明建设的战略定位。习近平总书记指出，目前我们的生态环境保护正处于一个非常时期，保护生态环境和发展经济从根本上讲是有机统一、相辅相成的，不能因为经济发展遇到一点困难就开始动铺摊子、上项目，以牺牲环境换取经济增长，甚至想方设法突破生态环境红线的念头。

我是十三届全国人大代表，参加了这个会，很有感触。3月5日上午是政府报告，下午是分组审议。分组审议的时候，很多地方团谈到，污染防治攻坚战是不是抓得过了？是不是影响经济增长了？李克强总理在《政府工作报告》中也提到，当前环保执法过程中存在一些简单粗暴的做法，对污染企业不能一关了之。说到这里的时候，代表也是鼓了掌的。有些代表觉得形势是不是有些变化，于是提出一些质疑。正是在这个关键的时候，习近平总书记在内蒙古代表团发表了这个讲话，风向马上就转过来了。习近平总书记说，我们必须咬紧牙关，爬过这个坡，迈过这道槛。要保持加强生态环境保护建设的定力，不动摇、不松劲，不开口子。可以说，习近平总书记的讲话非常及时、非常精辟、非常给力。

下面，我结合习近平总书记的生态文明思想，与大家交流三个问题：一是习近平生态文明思想的发展与内涵；二是怎么准确认识当前生态环境保护"三期叠加"的特征；三是对于我们国家来说，当前的生态环境保护和污染防治攻坚战怎么推进。

/ 一 /

我们现在所说的生态文明是从"文明"这个词延伸出来的。目前大家比较认可的生态文明的定义，就是人类遵循人、自然、社会三个主体和谐发展这一客观规律所取得的物质和精神成果的总和。

生态文明是以人与自然、人与人、人与社会持续繁荣为基本宗旨的社会形态。现在，我国学界一般都认为，人类文明经历了狩猎文明、农耕文明、工业文明、生态文明这样一条发展线索。从历史的长河来看，最早出现的是狩猎文明，人类社会大概在公元前3000年进入农耕文明，然后到17世纪进入工业文明，20世纪进入后工业文明，21世纪则进入生态文明阶段。

国际社会不太使用"生态文明"这个词，他们使用"可持续发展"比较多一些。1992年，联合国环境与发展大会第一次大会的主题就是可持续发展。

随着人类活动的增加，自然界的环境容量是在下降的，两者之间是相逆的，不是相向的，最后的结果就是我们整个人类的生态环境安全度在下降。到了生态文明阶段，人类活动要有所克制，相应地，自然的环境容量应该上升。NASA卫星2000—2017年收集的NDVI数据显示，地球变得更绿了，其中中国的绿化成果非常醒目，全球四分之一的植被增加都来自中国。这本身就是在增加环境容量，也使得人类的生态环境安全度有所回升。这也是我们所希望的人类生态文明能达到的境界。

从我们国家来看，特别是从中央的决策角度来看，生态文明的发展大致有这么一个脉络：2003年，《中共中央、国务院关于加快林业发展的决定》第一次使用"生态文明"这个词。2007年，党的十七大报告首次提出"建设生态文明"。对此我印象很深，当时我在美国世界银行做访问学者，很多世界银行的同行都竖大拇指，说中国共产党在这个时候提出生态文明非常好。然后就是党的十八大提出"五位一体"总体布局，继而是2013年《中共中央关于全面深化改革若干重大问题的决定》提出"加快生态文明制度建设"，这就提到了实践层面上。2015年之后，出台了两个重要的文件：一个是《中共中央、国务院关于加快推进生态文明建设的意见》，这是总纲性的；另一个是《生态文明体制改革总体方案》，这是顶层设计。现在，我们整个生态文明的改革都是遵循这两个中央文件来进行的。

党的十六大之前提的是"三位一体"，主要强调经济、政治、文化这三方面的建设。党的十七大提出"四位一体"。到党的十八大，很系统地提出"五位一体"的概念。由此可见，对于生态文明，中国共产党是在执政过程中不断地提升认识，不断地深化实践。

下面我们看看习近平生态文明思想的发展历程。习近平生态文明思想不是一天形成的，有一个很长的形成过程。习近平同志在河北正定县担任县委书记期间，就提出来宁肯不要钱也不要污染。在当时那种情况下，乡镇企业正发展得轰轰烈烈，这种思想提出来不容易。后来他在福建省工作时提出，资源开发要达到社会、经济、生态三者的协调，并亲自指导编制了福建省生态建设总体规划纲要。2002—2007年，习近平同志在浙江省主政，提出小孩都能背的"绿水青山就是金山银山"的科学论断。这是在湖州的余村提出来的。当时他在地方考察,在湖州看到一个村,基层的干部很关注环境问题,听到村里下决心要关掉矿、停掉水泥厂,习近平给予了高度肯定。现在来看,这些都是正确的。2007—2012年,习近平在上海工作期间,对"两山"理论作了很多深化。我们现在看到的"两山论"是发展的成果。习近平总书记有很多关于"两山论"的金句,比如说"良好的生态环境是最普惠的民生福祉""生态环境保护是功在当代、利在千秋的事业",等等。以前没有认识到这个问题,在上个世纪八九十年代,很多地方都提出来宁可熏死不可饿死,饿死是要追究责任的,那个时候熏死还不知道怎么熏着的。

提出生态文明思想,这个很重要,但更重要的是把生态文明思想在实践层面落实下去。以长江经济带建设为例。一开始的时候,大家都是雄心勃勃,长江沿线11个省市都想大干一番,总体规划就是大开发。2016年1月,习近平总书记在重庆主持召开推动长江经济带发展座谈会,提出"共抓大保护,不搞大开发",给很多地方政府领导当头一棒,大家都晕了:怎么会变成这样?原来基调不都是大开发吗?习近平总书记看到了长江的问题,因为他得到的信息是很全面的,来自各个方面。2018年,在宜昌召开的深入推动长江经济带发展座谈会上,习近平总书记又提出长江经济带开发必须要有规矩,要生态优先,绿色发展。不是不要大的发展,而是要立下生态优先的规矩,倒逼企业转型升级,实现高质量发展。

又比如,习近平总书记提出了人类命运共同体思想。由于意识形态的原因,在国际上,我们与西方国家围绕社会制度层面的问题交流时,总体上来说,共同的话语不是很多。习近平总书记提出构建人类命运共同体,就找到了一个很好的切口,大家可以从很多方面去达成共识。特别是在生态保护方面,我们生活在同一个地球,拥有一个共同的家园,就是一个命运共同体。最近几年,我们国家在气候变化、国际生态环境保护方面,都展现出负责任大国的作为和担当。同时,我们在《巴黎协定》全面有效落实、全球生物多样性保护方面也是积极推动者。

习近平生态文明思想有哪些内涵呢？最近我为《求是》杂志做了一个视频，把这个问题捋了一下，大体上将其归纳为"八个坚持"，或者说是"八大观念"。

第一个是深邃的历史观。习近平总书记在担任浙江省委书记的时候就提出，"生态兴则文明兴，生态衰则文明衰"。我们现在去看这个论断，前瞻性确实很强。他还强调，生态文明建设是关系中华民族永续发展的根本大计。

第二个是科学的自然观。坚持人与自然的和谐共生，人类必须尊重自然、顺应自然、保护自然，这是一步一步来的。先是尊重自然。不尊重自然、不顺应自然，就会遭到自然界的报复。当然我们现在更多的工作是保护自然。

第三个是绿色发展观，也就是绿水青山就是金山银山。这个"两山论"深刻揭示了发展与保护的根本关系，更新了关于保护自然资源的传统观念。绿水青山既是自然财富、生态财富，也是社会财富、经济财富。所以现在很多地方开始实践怎么把绿水青山转化成金山银山，这是一种很有意义的实践。

那绿水青山到底值多少钱？在研究领域，有一批人专门做生态系统服务价值评价，也就是评估自然生态系统的价值，看它值多少钱。我们已经完成了对全国 31 个省（自治区、直辖市）2015 年、2016 年、2017 年生态系统服务价值的评估，大体上算下来，全国的生态系统生产总值（我们叫 GEP）是 73 万亿元，这里面最主要的当然是生态调节服务功能的价值。

也可以看看全国的情况。GDP 都有排名，我们也可以给 GEP 排排队。内蒙古的生态价值还是很高的。像上海、天津、北京这些城市，生态价值相对比较小，当然它们的面积也是比较小。按人均生态系统生产总值也就是 GEP 去衡量，西藏是最富的，其自然生态价值包括绿水青山的价值，还包括冰天雪地的价值。但是，这些价值怎么转化，还是一个很大的实践问题。根据 31 个省（自治区、直辖市）GEP 和 GDP 的比较，我们得出来一个"绿金指数"，就是把绿水青山的价值除以金山银山的价值，也就是用 GEP 除以 GDP，结果是上海的指数最低，西藏的指数最高，两者比例差不多1比1的是湖南、湖北这些地方。这是我们看到的全国层面上绿水青山和金山银山的关系。

第四个是基本的民生观。良好的生态环境是最普惠的民生福祉。习近平总书记的有些话很朴素，比如说"环境就是民生，青山就是美丽，蓝天就是幸福"。我不知道在座的同学是什么情况，就我个人来说，假如说哪一天是蓝天，心情肯定高兴一些；哪一天是重污染天气，心情肯定会受到影响。

第五个是整体的系统观。我们提出山水林田湖草是生态共同体。当然，现在这个系统观还在不断完善，原来是山水林田湖，现在把草加进去了。有人问，沙漠是不是也是生态共同体的组成部分？沙漠也是一种自然生态系统，冰雪也是，海洋也是。所以，这是一个系统观。

第六个是严密的法治观。用最严格的制度、最严密的法治保护生态环境，我想在座的同学都能体会到这一点。最近几年，中央环保督察促进了环境法治的提升。到目前为止，我们实行的确实是历史上最严格的环境法治。

第七个是全民的行动观。也就是说，建设美丽中国需要全民的行动，生态文明建设同每个人息息相关，每个人都应该成为生态文明的践行者、推动者。在这方面，我们还是有差距的，很多消费者可能在确认环境责任、承担环境责任的时候把自己撇在一边。实际上，环境问题和大家都是密切相关的。

第八个是全球的共荣观。坚持共谋全球生态文明建设之路，也就是习近平总书记经常讲的人类命运共同体问题。我们共同生活在一个地球，拥有共同的家园，这也是比较容易得到国际社会认可的。

2019年两会期间，习近平总书记在参加内蒙古代表团审议时，又提出"四个一"，它们是对习近平生态文明思想深化实践的再认识。第一个一，生态文明建设是"五位一体"总体布局中的其中一体。第二个一，坚持人与自然和谐共生，是新时代坚持和发展中国特色社会主义基本方略中的其中一个。十九大报告提出十四条基本方略，这是其中一条。第三个一，绿色发展是新发展理念中的一个。中央提出创新、协调、绿色、开放、共享的新发展理念，绿色是其中之一，而且现在越来越重要。第四个一，污染防治攻坚战是目前国家三大攻坚战中的一个。三大攻坚战，从社会层面来说，影响比较大的是脱贫攻坚战和污染防治攻坚战；防范化解重大风险主要在政府层面，包括金融风险、地方债务风险，主要涉及政府。

这是习近平生态文明思想的主要内涵。

/ 二 /

下面我们一起看看怎么准确认识当前生态环境保护"三期叠加"的特征。

"三期叠加"的判断是习近平总书记在 2018 年 5 月 18 日全国生态环境保护大会上的讲话中作出的，也是指导当年生态文明建设和污染防治攻坚战的一个很重要的基础。"三期叠加"是指什么呢？第一个时期，是指目前我国进入了压力叠加、负重前行的生态保护关键期。第二个时期是指攻坚期，也就是说，我们目前进入了提供更多优质生态产品、满足人民日益增长的优美生态环境需要的攻坚时期。老百姓对生态环境的诉求越来越多，我们必须进行攻坚，提供这些产品。第三个时期是指窗口期，是指目前我们已进入有条件、有能力解决一些突出生态环境问题的时期，这个窗口期过了以后就很难再抓回来。"三期叠加"，这是习近平总书记作出的重要科学论断。

下面结合我个人的学习研究和"三期叠加"的特征，给大家介绍一下当前国家生态环境保护的形势。

（一）关键期

怎么理解当前压力叠加、负重前行的现状？我认为，这一挑战主要体现在以下四个方面。

第一，环境污染不可忍受。比如说大气，从上世纪 90 年代起，我们排放的氮氧化物就是 2000 万吨数量级，排放量远远超过美国和欧洲。这是一个基本事实。有些数字不用我们自己说，国际上都有，全球氮氧化物排放量增长最快的也是我们。从全球大气总排放空间分布来看，中国也属于高排放区域。现在大家知道还有一种污染物是 VOC，也就是挥发性有机物。现在进入春天了，进入一个鸟语花香的季节，花香味中很多就是挥发性有机物，就是 VOC。包括女同志化妆、烫头，也会排放不少挥发性有机物。我们国家人为的 VOC 排放量大，自然的 VOC 排放量小，而西方国家是自然的 VOC 排放量大，人为的 VOC 排放量相对少一些。这些污染物排放造成很多环境问题，比如酸雨问题。上世纪 90 年代，酸雨很厉害，像湖南、江西这些地方，酸雨的 pH 值达到 3.4。这是什么概念？就是醋的味道，也有人调侃这些地方的女孩子皮肤之所以很光亮，就和酸雨有关。当然，现在酸雨已经得到有效控制，原来全国三分之一的国土面积都有酸雨，现在不到 10%。这个控制程度在世界上也是相当不错的了。

具体来看，环境污染问题主要表现在以下几个方面：

第一个问题是空气污染。六七年之前，美国 NASA 发布了全球 $PM_{2.5}$ 的结果，从北非到西亚、中亚到东亚，污染最严重，目前中国还不是最严重的。最直观的指标是空气能见度，这也是国家气象部门测的数。从上世纪 60 年代到现在，我国平均空气能见度下降了 10 公里左右。北京空气质量最好的时候，人们肉眼最远能看到 150 多公里以外。目前，我国空气污染主要的超标因子是 $PM_{2.5}$。全国所有 338 个地级市中，2017 年只有 99 个城市空气质量达标。2018 年是多少呢？ 120 多个达标，占到了三分之一。这是按城市个数计算的。如果按城市人口的比例计算，没那么高。有的城市面积很大但是人口很少，不像北京，一个城市 2000 多万人，完全不一样。如果要跟健康挂钩、跟民生挂钩，这个比例就更低，非常低。人口加权以后，污染浓度都会提高。

第二个问题是水污染。大家现在看到治理污染先从大气开始，但是水污染比大气污染更严重。我们研究发现，全国十大水系，环境容量为 900 万吨，目前来看排放量都超过了环境容量，最严重的甚至超了 133%。所以说，水污染的问题非常突出。但是我们去看一些监测的数据，好像印证不了这个事情。比如说 COD，也就是化学需氧量。这是指水体中能被氧化的物质进行化学氧化时消耗氧的量，是水质监测的基本综合指标。为什么要用这个作为指标呢？因为水中的有机物在被环境分解时，会消耗水中的溶解氧。如果水中的溶解氧被消耗殆尽，水里的厌氧菌就会投入工作，从而导致水体发臭和环境恶化。因此 COD 值越大，表示水体受污染越严重。我国的 COD 值从 20 世纪 80 年代开始基本上是呈下降趋势的，其中有一些数据有波折，但总体上来说是趋于改善的。80 年代，Ⅰ—Ⅲ类水占 45% 左右。到目前，Ⅰ—Ⅲ类水已经占到百分之七八十了，但污染物排放量好像没有什么显著的变化。对此，我们搞环保研究的也很纠结，两个东西逻辑上串不起来。但现在主要还是认环境质量这一块，排放量说不清楚。从数据来看，我们现在的水质要好于 80 年代。很多人可能不信，但是官方的数据就是这样的。

第三个问题是土壤污染。土壤的污染数据都是保密的，不公开，但从两次污染普查情况来看，第一次污染的数值是百分之八九，第二次就是 19%，上升得非常快。

过去，中国人特别喜欢施肥，施肥量、施肥强度在全世界来说都是比较高的，但是施肥的目的是什么搞不清楚，其实很多肥料都浪费了，还污染了环境。现在情况已经发生了变化，国家制定了化肥农药使用量零增长的政策。

上面说的是我国目前面临的三大环境问题，开展污染防治攻坚战就是要解决这些问题。我作了一个初步的判定，从污染程度来看，水污染是非常严重的，土壤污染也是。这些对我们健康的影响都非常大，因为影响最直接。大气污染也是这样。从治理难度上看，土壤污染是最难治理的，因为有很多技术成本都很高，全国土壤治理可能需要上百万亿元，国家实力不允许，不可能实施，同时技术储备也相对有限。

第二，生态功能不可恢复。刚才说的是污染层面，生态层面也有很大的问题。我们在 2000 年、2005 年、2010 年、2015 年进行了四轮生态调查，总体上来看，生态足迹都是不断上升的。2006 年召开了第六次全国环境保护大会，当时温家宝同志在会议上发表了讲话，就在这一天发生了沙尘暴。我记忆中这是最严重的一次，一天降了大概 33 万吨沙尘，按当时北京的常住人口估算，一个人 30 公斤左右。

为什么会出现这些问题？因为生态空间在不断减少。比如说洞庭湖，从新中国成立到现在，湖面面积减少了 40% 左右。东北的三江平原，由于国家粮食战略需要，开发了大量湿地。上世纪 90 年代末的大洪水就和自然生态系统退化有关，本来这些湿地是可以蓄水的，开发完，功能就丧失了。我们再来看看较发达的地方，像太湖流域，从改革开放到现在，城镇空间扩展很快，生态空间被挤占得非常厉害。北京也是这样，从上世纪 70 年代到现在，开发强度达到了 57%，这个比例比香港还要高，让人感到不可思议。现在国家提出要把城镇、农业、生态空间从国土空间里单划出来，而且把生态空间放到第一位。现在北京新一轮总体规划是什么？叫减量发展，现在建设用地要腾出来一些作为生态用地。这个任务是非常艰巨的。

水资源开发也是一个很大的问题。因为部门利益，我们对水资源的开发还没有减缓。我们有一二百万的水利大军，包括勘察、建设，这些人去哪儿？每一个五年规划总是要找重大的水利工程给他们做，这也是非常严重的问题。国际上对河流开发有一个不成文的规定，就是生态警戒线，水资源开发率 30% 是比较稳妥的，但实际上我们国家远不止这样。像我们所在的北京属于海河流域，水资源开发率达到了 90% 以上。现在大家到河北看看，基本上没有清水，几乎是有河皆干。还有一些水利水建工程，争议也很大。比如，洞庭湖、鄱阳湖为什么要建大坝？由于冲刷的作用，在大坝以下形成一个排水沟，洞庭湖、鄱阳湖的水都留不住了。本来水位高的话可以顶回去，现在这个问题没法解决。有些问题短期不见得表现很突出，长期来看问题就严重了。

还有海洋的生态问题。在海洋保护方面，有一个很重要的指标，叫自然岸线保有率，即有多少岸线是自然状态的、没有被开发的。我们以前没这个概念，遍地开发。20年前，我们的自然岸线保有率是90%左右，现在不到40%。大家去海南看看，也是这样的。海南要成为世界最美丽的岛屿，如果没有一些自然岸线保护，怎么美丽？美丽不了。岸线开发带来海洋的富营养化问题、赤潮问题，这些都是很严重的。

我给大家讲一个小故事。2008年奥运会的时候，所有的帆船、水上项目都在青岛举行，当时面临一个很大的问题：青岛附近的海域发生了浒苔灾害。有人说，专家不要出来说，要说就说这是一个自然问题，不是污染问题。但实际上很简单，就是海水的营养物质发生了变化，造成浒苔大量暴发，和蓝藻一样的道理。当时发挥体制的力量，下去10多万人捞，花了几天时间，基本上捞干净了，这个事情也就过去了。

第三，环境健康不可轻视。环境健康问题更加敏感。1858年，英国一家著名的幽默杂志刊登了一幅反映泰晤士河污染问题的漫画，题为《沉默的杀手》，画面为象征死亡的骷髅在泰晤士河上游荡。这幅漫画提出了一个严肃的问题：要钱还是要命？1956年，由于工业废水排放造成的污染，日本发生了日后轰动世界的水俣病事件。上世纪四五十年代，美国洛杉矶先后发生多次严重的雾霾事件和"光化学烟雾"污染事件，当时空气污染非常严重，人们甚至需要戴着防毒面具出行。其实，历史上很多国家都是这么过来的。上世纪50年代，伦敦烟雾事件造成12000多人死亡，就是大量的煤烟排放造成的。2013年中国的灰霾重污染事件应该是历史上的一个重大事件，其持续时间之长、覆盖范围之广、污染程度之重、影响人群之多，均史无前例。

空气污染带来了很多健康问题，但是我们有时候不太愿意承认这个问题，觉得没有这么严重。既然没有那么严重，花这么多钱去治它干什么？2013年，美国健康效应研究所在《柳叶刀》杂志上发表了一篇文章，是关于全球疾病负担的，粗略统计了由于空气污染造成的各个国家过早死亡的人口数量。这篇文章把中国放到北亚这一区域里衡量。北亚包括谁？就是朝鲜和中国，基本上说的就是中国的事情。文章指出，由于空气污染造成的过早死亡人口，中国大陆是123万。室内空气污染，比如说南方烧柴火、家庭做饭造成的过早死亡人口，还有100万，这还不算抽烟造成的过早死亡人口。"过早死亡"是一个流行病学概念，就是寿命减少，不是说吸了这个空气就死了。我们国家也有过很多估算，数量比这篇文章算的要低一些。大体上算下来，中国由于空气污染造成的过早死亡人口在30万—50万，相当于折寿0.5—1.2年。

另外，环境污染还导致国人生育能力下降，这是中华医学会调查的结果。这个问题很复杂，跟生活习惯、生活压力都有关系，和我们现在接触大量的化学物质也关系密切。我们每天都在接触大量的化学物质，有些化学物质的影响短期内看不出来，长期来看影响就很严重。

第四，社会稳定不可把控。目前，从总体上来看，我国还处于一个污染事件高发的时期。前10年左右，媒体报道了不少重大的环境健康事件，影响很大，有的甚至发展成了群体性事件，影响了社会稳定。最近几年，我们防治污染的工作力度比较大，这样的事件基本上消除了。

造成这么严重的环境污染，有很多原因，其中有发展观念的问题，也有发展阶段的问题。我们到了这个发展阶段，这些问题能不能避免？我个人认为可以避免一些，但很多是难以避免的，因为人类社会经济发展就是这么过来的，发达国家也是这么过来的。严重的环境污染还跟我们的产业结构、能源结构密切相关，如大气污染问题就和我们的能源结构密切相关。此外，这个问题还与产业布局、政策、体制等各方面因素有关。

恩格斯曾经说过，我们不要过分陶醉于我们人类对自然界的胜利，对于每一次这样的胜利，自然界都对我们进行报复。从实践来看，确实也是如此：第一步我们达到了预期的结果，但第二步、第三步就会出现完全不同、意想不到的结果，常常把第一个结果的意义又取消了。现在想起来，很多事情就是这样的。

2004 年，我们开始作绿色 GDP 研究。一直到现在，该项研究还在不断推进。我也是绿色 GDP 核算研究的技术牵头人。核算的结果，我们国家环境污染造成的损害占到 GDP 的 3% 左右，加上生态损害，达到 4% 左右。这么多年来，这个比例虽然没有变化，但相应的绝对量是在上升的。

每个省份的表现也不太一样，比如说最早的 2004 年第一版研究成果，这个是发布过的，向全世界发布的。比例最高的是内蒙古，内蒙古当时的 GDP 增长率是 19%，全国第一，但是内蒙古的领导向国务院作了检讨。检讨的内容是什么呢？就是违规上了大量高污染排放的项目，这和我们核算的结果是完全吻合的，这个比例达到 7.8% 左右。到最近几年，特别是 2014 年、2015 年前后，"冠军"就被河北拿走了。为什么河北的经济结构调整是重中之重？因为它基本上把一些高排放的项目都放开了。有一个段子是这样说的：全世界钢铁产量中国第一，河北第二，唐山第三，唐山下面的迁西第四。这说明，这些高排放项目的聚集度太高了。

（二）攻坚期

上面讲了为什么说我们现在正处于生态环境保护的关键期，下面谈谈为什么说现在处于污染防治攻坚期。我想从以下几个方面谈谈这个问题。

第一，美国耶鲁大学做了一项几乎连续 20 年的工作，研究世界的环境绩效指数，也就是 EPI，对世界 180 多个国家和地区的环境绩效作了评价，给大家排了一个队。我们一起来看看中国的数据。中国的 GDP 总量从 2006 年的第四名，上升到 2010 年的第二名，后来一直是第二名，现在要赶超美国。与此同时，我们的 EPI 从 2006 年的 56 分下降到 2012 年的 42 分左右。一边是往上升的，一边是往下降的，形成了鲜明的对比。2016 年，我们和他们交流，说你们这个指标不太合理，我们中国人还是挺勤奋的，特别是党的十八大以后，有些工作的指标在你们的研究中没有体现出来。交流之后，他们对 EPI 的计算方法作了一些调整。

第二，在气候变化方面，我们现在也面临着很大的压力。一方面，我们承诺到 2030 年左右二氧化碳排放量达到峰值。如果我们国家在这方面不作出贡献的话，国际层面就很难把这个事情做好，因为现在我国的碳排放量是世界第一，比美国还要高，而且呈上升的趋势。2017 年、2018 年又上升了一点，人家也看出来了。另一方面，特朗普是比较典型的反环保派，他说我一上台就要退出《巴黎协定》，要把美国的联邦环保局撤掉。他们觉得联邦环保局干的事情太丢脸了，现在美国环保局的工作人员也是灰溜溜的。最发达的美国是这个态度，这对我们压力很大。所以说，现在我们正处于一个攻坚时期。

美国著名经济学家西蒙·库兹涅茨在 1955 年提出，如果以人均财富增长为横坐标，以人均财富分配为纵坐标，二者的关系遵循倒 U 型曲线规律。后来人们称这个曲线为库兹涅茨曲线。和库兹涅茨曲线一致，随着经济的发展和人均 GDP 的上升，环境污染开始是上升的，但是到达一定阶段以后会下降，这时就会出现一个峰值和拐点。在发达国家，这个峰值和拐点基本上是人均 GDP2 万—3 万美元，而在一些新兴国家，像韩国，这个峰值大致是在5000—20000 美元。

根据我们的研究，在中国，不同的环境问题拐点也不太一样，东部的拐点大致上在 2000—18000 美元。比如二氧化硫这个指标，当时我们研究得出的拐点是 2100 美元。现在大部分城市都不存在二氧化硫污染问题了。现在北京的二氧化硫浓度是个位数，改观是很大的。另外一个城市深圳，从改革开放到现在，灰霾天数和人均 GDP 的增长也是高度相关的，2007 年左右最高。以前我讲课大部分用的是 2007 年的数据，深圳的一个副市长听课后给我提了意见，说王老师以后不能这么讲了，我们已经过了这个拐点了，现在已经实现下降了。确实是这样，从 2015 年开始，珠三角的空气质量达到了国家标准。

我们国内主要的权威机构所预测的二氧化碳排放量，大致上都是在 2030年左右达到峰值。我们向世界承诺的也是 2030 年达到峰值。要实现这个承诺，就要攻坚。

第三，在全面建成小康社会过程中，最弱项还是生态文明，生态环境产品已经成为全面建成小康社会的一个短板和"瓶颈"。这是国家统计局统计科学研究的研究成果。为什么污染防治要攻坚？因为如果别的方面都小康了，我们却还使用着黑臭水体，生活在灰霾天气中，这怎么能叫全面小康？

所以说，我们现在正处在污染防治攻坚期。

（三）窗口期

之所以说我们现在正处于一个窗口期，第一个原因是目前我国的经济发展能力、经济发展水平已经具备了解决一些突出环境问题的基本条件。比如说从国力角度来考量，我们的人均 GDP 已经超过 1 万美元。这是一个很重要的因素，因为我们不可能像发达国家那样，等到人均 GDP 达到 2 万美元的时候再去解决这个问题，那就晚了。我们现在发电厂的减排水平比美国都要好，这就是我们的技术后发优势。我们的环保投入以前很低，现在正在逐步加大，大体上占 GDP 的 1%—2%。

第二个原因是党的十八大以来，我们在生态文明建设和生态保护方面取得了显著成效，主要表现为"五个前所未有"。

一是思想认识程度之深前所未有。这个我不展开讲，现在大家都在学习贯彻习近平生态文明思想。这是最主要的。

二是污染治理力度之大前所未有。党的十八大以后，尤其是 2013 年以后，我们相继发布了"大气十条""水十条""土十条"。这些都是中国政府向世界公开承诺的污染防治攻坚目标。供给侧结构性改革力度非常大，但有时候也很难，因为调整手段以前还有土地、投资，现在都要靠市场来解决，用环保来推动结构调整。像煤炭的消费，从 2013 年的 67% 下降到 2018 年的 59%，下降还是比较多的，非常不容易。我们建成了全世界最大的清洁煤电供应体系，现在煤电都是超低排放。"水十条"也在全面推进过程中，城市黑臭水体的治理、长江经济带的生态修复与保护是重点。"土十条"发布最晚。客观地说，在土壤治理方面，我们的基础工作很薄弱，现在主要还是在做一些基础性的准备工作。

三是制度出台频度之密前所未有。党的十八大以来，中央频繁出台环保方面的制度，有些制度是非常严的，比如中央环保督察制度，在全世界影响都很大。2018年我去美国参加中国留美学生环境论坛，在杜克大学作学术报告时，有些专家说，你们现在的中央环保督察太严了，追责的干部已经达到1.8万人。我说，这就是中国制度的特点和优点。

四是执法监督尺度之严前所未有。大家知道，环保制度里面有个排污收费制度。前几年，全国排污收费每年大约是200亿元。现在，全国环保执法对违规排污的罚款已经达到了170个亿，力度非常大。现在，中央环保督察第一轮已经结束，2018年是回头看，2019年开始第二轮，形成了环境法治的氛围，企业不敢随便排放了，地方官员也不敢随便包庇污染企业了，因为风险很大。

五是环境改善速度之快前所未有。"大气十条"实施以后，我们增强了信心。"大气十条"规定，三个重点区域——京津冀、长三角、珠三角 $PM_{2.5}$ 平均浓度必须下降。京津冀地区，2017年和2013年相比，空气质量明显改善。我可以保证，北京的数据还是很真的。2013—2017年，长三角地区所有城市的空气质量都有了变化，2017年相对来说改观是很大的。从2015年开始，珠三角地区的空气质量基本上达到国家空气质量标准，非常不容易。2019年，联合国环境署专门作了一个北京大气污染治理20年发展的评估报告，对北京的做法非常认可，非常赞赏，并向世界其他国家大城市推广。2013—2018年，北京的 $PM_{2.5}$ 年均浓度从原来的90微克每立方米下降到53微克每立方米，下降了41%，重污染天数从原来的58天减少到15天，这是非常可贵的。北京现在制定目标时也很纠结，再下降难度非常大，但还得努力推进，因为老百姓对此比较关注。水污染方面，总体上来说，地表水、大江大河的水质改善还是比较快的，但老百姓生活周边、城市的小沟小河黑臭水体的问题还比较严重，这也是中央重点抓的问题。

以上就是对当前"三期叠加"问题的认识。弄清楚这些，对于习近平总书记作出的这个科学判断，我们也就容易理解了。

/ 三 /

在生态环境保护"三期叠加"的时代背景下，我们怎么做今后的工作？

2018 年，中央全国生态环境保护大会就污染防治攻坚战作出了部署，明确了 2018—2020 年这三年怎么干。首先是定了目标，基本上定位在原来"十三五"规划规定的目标，因为"十三五"是 2016—2020 年，不能低于那个目标。这是我们定的基本目标。主要工作有以下几个方面。

第一，加快构建生态文明体系。这是习近平总书记非常强调的。原来体系比较多，现在就是重点构建生态安全、生态文明制度、生态文化、生态经济以及生态环境保护的目标责任制这五个体系。

第二，全面推动绿色发展。这里面内容很多，可概括为两个方面。一方面，推动产业的生态绿色化，也就是怎么让我们现有的传统产业更加生态、更加环保。这其实是一个做减法的过程。另一方面，就是反过来，怎么生态经济化，怎么把绿水青山变成金山银山。所以，我们要理解绿色发展应该是双向的，要双抓手、同时抓，否则地方也很难去执行。

在生态环境保护方面，结构调整是非常重要的。我曾经说过，结构调整是解决中国大气污染问题的根本途径和终极支撑。结构调整涉及产业结构的调整、能源结构的调整、运输结构的调整、农业和用地结构的调整问题。我们提出总体上要做到"四增四减"：产业结构要减少过剩和落后产业，增加新的增长动能；能源结构要减少煤炭消费，增加清洁能源的使用；运输结构要减少公路运输量，增加铁路运输量；农业投入结构要减少化肥农药使用量，增加有机肥使用量。为什么强调要调整运输结构？因为卡车不仅运输过程有排放，卸载过程也有排放。一辆大卡车的排放量是相当大的，有的相当于上百辆小汽车的排放量。在京津冀地区，这么多钢铁、这么多水泥、这么多煤炭都靠卡车运输，得排放多少污染？现在北京基本上不让这些卡车过，秦皇岛、天津都变成了铁路运输。此外，过去我们对生态用地关注比较少，现在要求生态用地必须增加，特别是要减少城市的裸地。

第三，解决突出生态环境问题民生优先。我们现在部署打好蓝天保卫战、净土保卫战，其中有七大战役、四项专项行动。蓝天保卫战是污染防治攻坚战的重中之重，我们提出"四个明显"：明显降低 $PM_{2.5}$ 浓度，明显减少重污染浓度，明显增强蓝天幸福感，明显改善大气环境质量。这都是习近平总书记点出来的。

大气污染防治任务非常艰巨，因为最终的目标是实现 338 个地级市达到国家空气质量标准。对此我们作了研究，假如保持现在的治理力度，到 2035 年不能使 338 个城市都达到国家空气质量标准，所以要加大工作力度。北京市现在每年 $PM_{2.5}$ 浓度平均下降 6.7% 左右，美国下降最快的时期也就是每年 2%—3%。即使这样，要做到 338 个地级市全部达到国家空气质量标准，估计也要到 2030 年左右。

还有一个问题需要跟大家说一下，我们国家的空气质量标准在世界标准体系里是落后的、低档的。还是拿 $PM_{2.5}$ 看，世界卫生组织规定了三个阶段的标准：35 微克／立方米、25 微克／立方米、15 微克／立方米。我们把 35 微克／立方米作为第一阶段的标准；美国和日本用的标准是 15 微克／立方米，所以你到美国去看，都是蓝天；欧盟用的标准是 25 微克／立方米，稍微差一点，所以深圳提出达到"欧洲蓝"。

净土保卫战也非常难，治理土壤的成本很高。我们看到一些地方案例，一亩地的治理成本高达 200 万元。农民可能会说：别治了，把那钱给我就行了，我一亩地一年挣不了 1 万块钱，你把钱给我，我 200 年都不用干活了。

所以现在提出风险防控的概念。这块土地本来是种庄稼的，现在被污染了，不能种庄稼了，我种花行不行？种树行不行？种什么对土壤的要求不一样，种庄稼对土壤要求比较高。所以土壤治理要按照风险管控思路进行。

第四，生态修复。在这方面，现在有两个部门在负责，一个是自然资源部，另一个是生态环境部。自然资源部主管生态修复，主要是生态保护红线、自然保护区，生态环境部推进"三线一单"，即生态保护红线、环境质量底线、资源利用上线和生态环境准入清单。

关于风险管控，我稍微介绍一下。2017年制定《土壤污染防治法》，当时产业界很多利益集团来游说，说要搞成土壤治理法。我们的建议是不要这么干，还是作为污染防控法。这是一个很大的战略转型。美国有一个做法，就是成立一个超级基金，国家拿出一些钱，一块一块地治理，可是到现在还没治理好。

第五，提升生态环境治理现代化能力。在这方面，目前最重要的是党政领导的问题。我在人大开会期间有一个体会，现在我们基本形成了党委、政府、人大和两院这么一个顶层的治理结构，更重要的是下面还有企业和社会公众参与，所以生态环境治理推进的速度非常快。企业方面，虽然说在执法过程中有些问题，但守法是企业最基本的职责和义务，也是企业发展最基本的前提。作为企业，不执行环保法，还觉得自己有理，这个就说不过去了。关于执法过程中是不是要灵活，不同人的观点不一样。我的观点是，标准就是"一刀切"，至于标准在实施过程中遇到困难怎么办、是不是都要在一个时间达到既定标准，可以商议。但如果你一个标准、他一个标准，那还叫什么标准？

在污染防治攻坚战中，我们要更多地采用市场经济的手段，以提高污染防治的效率。政府可以采用一些行政干预的手段，让企业通过市场化的方法去选择，这样相对灵活一些，效率也高一些。目前，我们比较缺乏这样的方法。

社会共治也很重要。广泛的公众参与是现代生态环境保护的重要标志。没有广泛的公众参与，就不能建立现代意义上的生态环境治理体系。在这方面，地方做得不见得到位，因为政府往往把社会公众团体、环保团体和公众参与放到一个对立的位置上。我曾经提出一个建议：北京的环境治理支出，多的时候一年 300 亿元，假如拿出 10 亿元来奖励老百姓的举报监督，可能政府就不用派那么多人下去监督，老百姓就会把信息提供过来，我们就能掌握很多第一手信息，不仅成本降低了，公众也参与进来了。当然，这种做法是一把"双刃剑"，需要掌握一个平衡度。

我们希望建立环境保护的同盟军。现在，媒体舆论对我们起到很大的监督作用，很多重大的地方环境污染事件都是通过媒体报道出来的。我认为，建立环境保护同盟军的任务也非常艰巨。

第六，全面加强党对生态文明建设的坚强领导。加强党对生态文明建设和污染防治攻坚战的领导，是党的十八大以后习近平总书记提出的。党委重视了，生态文明建设就好干了。以前有些地方党委在台上讲一套，台下做一套。现在，这些风气都在慢慢改变，特别是习近平总书记对祁连山、秦岭这些重大事件紧抓不放，多次批示，对地方党委政府的政策引领作用很强。所以说，继续加强党对生态文明建设的领导，是我们打好污染防治攻坚战的一个很重要的法宝。对此，主要是压实第一责任人的责任。第一责任人就是省委书记、市委书记、县委书记、省长、市长、县长，都有责任书。其次是压实部门的责任。比如说综合管理部门应该负什么责任？过去经常扯不清楚，到地方追责更多是追责到生态环境部门，环保部门也变为一个高危行业，地方领导都不愿意去这个部门，因为动不动就要追责到他头上。现在提出要制定一个责任清单，哪些责任是综合部门的，哪些责任是环保部门的，说清楚，按照责任清单来追责。有人提出，其他的部门有没有责任？比如说人大有没有责任？两院有没有责任？人大在立法监督方面是负有责任的，所以这一届全国人大常委会在这方面作了很多探索。2018 年的《土壤污染防治法》是第一次全票通过的法律，这很不容易。全国人大常委会第一次开展《大气污染防治法》执法检查，收到了很好的效果。2019年，全国人大又将开启新的《水污染防治法》的执法检查。所以，现在就是要压实各个部门的责任，包括人大、两院的责任，最终构建党委领导、政府主导、企业主体、公众参与的生态环境保护大格局。

以上只是我个人的观点。今天就讲到这里，谢谢大家。

▶▶ 现场互动撷英

北京大学外国语学院2018级学生：我发现北京好多小区垃圾分类做得很好，但是在不少地方，垃圾分类工作推进得却不是太细致，包括在北大校园，同学们扔垃圾时并没有严格分类，这对环境的影响还是很大的。请问您对于这个问题有没有比较好的解决思路？对于现在垃圾分类工作推进不同步，以及一些不合理的地方，您有什么看法？

王金南：在中国，垃圾分类这个事情从专业角度来说提出不下20年了，之所以实践效果不好，症结主要在整个制度政策与实践推进的过程不太一致，主要是后面的垃圾运输和处置过程没跟上。垃圾分选出来以后，到了运输环节，又混在一起了；处置时，又把所有的垃圾合在一起烧掉了。这一方面增加了成本，另一方面也降低了消费者对垃圾分类的兴趣和信心。所以，要做好这个事情，我的理解就是要全过程推进。这是第一点。

第二点，老百姓的素质和生态环境保护意识也很重要。垃圾分类和处理是衡量国民素质的一项指标，从这件小事情就能看出国民的素质。日本、德国的垃圾分类工作做得比较好。我国做得比较好的是浙江金华。在垃圾分类宣传问题上，目前也存在一些问题。对一个农民来说，他也分不清楚什么是可循环的、可再生的、可回收的，但是说哪些容易烂掉，哪些不易腐烂，对他来讲就比较容易理解。如果再辅以一些奖励性制度，效果会更好。在北京，很多市民不会将有用的垃圾拣出来卖钱，甚至都是免费送给收废品的，但在广大农村地区或者其他三四线城市，奖励制度还是需要的。浙江有些地方采用类似刷卡的做法，手机照一下，就可以到旁边小超市领一些劳保用品、清洁用品，是一个鼓励。

北京大学物理学院 2018 级学生：刚才您展示的图片里有关于 PX（对二甲苯）生产与生态环境的关系。PX 究竟对当地环境有什么样的影响？

王金南：对于这个问题，我觉得在我们国家可能宣传不是很到位。我记得清华大学的学生曾专门做了一个科普视频，介绍 PX 是什么东西，有什么危害。我看了一下，还是比较客观的。PX 其实是一个中间体，也算一个基本的原料，每个国家都在生产。我们国内出台限制政策以后，很多要靠进口。这个问题体现了老百姓对化工产业的关注。关注没有问题，但是过度地、恐慌性地关注，就会对化工产业造成负面的影响。一方面要关注这个事情，另一方面要科学地关注这个事情，不能把它变成一个事件，因为老百姓不可能像作研究的那么清楚这个事。我觉得应该考虑合理地布局，不能让 PX 项目和老百姓生活区域挨得太近。也就是说，我们还是要干这个事情，但是要科学对待，要合理布局。谢谢。

提问：能不能简单介绍一下您本人科研的课题或者方向？

王金南：我拿的学位，两个是环境工程，一个是环境科学，现在干的工作主要是研究制定国家的环境保护规划和环境政策。我以前作政策和规划研究，老把政策理解为社会科学，但现在看来，有一个理科的背景还是有优势，因为对这些问题的认识不能停留在文字层面，要在科学层面、工程技术层面有比较深的理解，这样对政策制定来说是比较好的。我现在从事的工作，与国家决策关联性比较大。比如我所在的单位——生态环境部生态规划院，现在已经开始研究"十四五"时期的环境保护规划，以及一些重点地区、重点流域的环境保护规划，比如说京津冀地区和长江、黄河流域环境保护规划。我也参与了一些重大政策的制定，比如说环境保护税就是我牵头设计的。我们主要是从事政策设计，和学校里作的研究不太一样。学校里作的研究更多侧重于理论和方法，这对我们制定政策是一个很好的补充和支持。总体上来说，我把自己的专业背景和国家重大的规划、政策进行了有效结合。

提问：现在，中国的经济发展压力非常大。这种压力既有来自外部的，譬如说中美经贸摩擦，也有来自内部的，譬如说经济转型升级、结构调整。最近，江苏盐城的化工厂发生爆炸，很多化工厂停工，对江苏省的经济造成了非常大的影响，甚至影响到股市。我父母是化工行业的，我非常清楚地知道化工行业的违规操作屡禁不止。还有，我听到消息，不一定准确，说在中美经贸摩擦开始以后，河北省空气污染治理的力度其实是降低了的，或者说有比较明显的降低，停工的时间明显减少。所以我想问的是，我们究竟应该怎样平衡经济问题和环境问题？

王金南：我试着回答一下你的问题。

第一，环境与经济的关系是在发展过程中逐步变化的。人们对环境与经济问题的认识，从改革开放到现在有一个逐步深化的过程。现在，习近平生态文明思想是把环境保护与经济发展放在一个协调的位置而不是对立的位置上的。习近平总书记在参加内蒙古代表团审议时的讲话中还有很重要的一条，就是高质量发展。所谓高质量发展，就是要坚持生态优先、绿色发展这个导向。

从国家的角度来看，改革开放初期，总体上以经济建设为中心，那时候的环境污染还没那么严重，污染物排放量没那么大。到了2000年前后，环境污染达到了高峰时期。北京的污染2007年最严重。党的十八大以后，人们的认识逐渐清晰了，之前口号喊得比较多，"三个效益"、经济环境要协调发展、科学发展，这些都没有问题，但没人在实践层面去落实。习近平生态文明思想提出之后，一开始，地方政府也是持观望态度，现在开始动真格的了。

你说的江苏化工厂爆炸这件事，我也看到了。江苏的化工行业聚集度很高。我记得大概十几年前，江苏当时执政的领导向我们咨询时，我们就建议化工行业不能这么布局，因为当时的规划都是沿江布局，密度非常高，从世界范围看也是化工行业密度高的地区，而且也不是大化工，都是小化工。他们当时听了这个建议，但也没有完全改进，只是把沿江布局改成沿海布局（这次发生爆炸事故的盐城就是沿海地区），只是换了一个位置，没有真正认识到问题的根本。

第二，为什么出现这些问题？这些企业如果真正把安全问题解决掉，把环保问题解决掉，把卫生问题解决掉，其实没什么利润，甚至有一些是亏损的。在京津冀地区，我们针对300家散乱污企业作过一次调查，发现真正把环保问题解决到位的企业，基本上都是亏损的。从这个层面上讲，如果有历史欠账，好像当时是逃过去了，现在看还是逃不过去，总之还要补上。所以，可能更多的实践、更多的教训会提高人们对环境与经济、发展与环保之间关系的认识。我希望大家特别是地方领导应该尽快提高认识，否则问题就会层出不穷。

北京大学生命科学学院2016级学生：我们都知道禁止焚烧秸秆对保护空气质量有很大的帮助。我经常看到网上有人说用秸秆堆肥会导致农作物减产，我不知道他是不是别有用心。但是在禁止焚烧秸秆的同时，确实没能给广大农民提供一个便利的处置秸秆的方法。所以我想问两个问题：第一，是不是有一种非常便捷的处置秸秆的方法；第二，国家在制定一项环保政策时，对于相应的配套措施是怎么考虑的？究竟是环保政策比较重要，还是能够有更好的配套

措施比较重要?

王金南:这个问题和刚才说的垃圾分类处理有点类似,现在的做法确实有点简单化。一般来说,这个事情是农业部门去做,但农业部门说我做不了,所以还是推回来让环保部门监督。环保部门比较擅长的就是禁,那就是禁止焚烧。原来有的农民也说,我们世世代代都是这么烧过来的,怎么现在不让烧了?我们现在的排放量是一点一点增加的,秸秆焚烧排放一部分,还有工业的排放,比如煤炭燃烧的排放,还有生活消费的排放,还有农业本身的氨排放,等等。这样一个一个加起来,排放量就变得非常大,对环境质量的影响就由不那么显著变成非常显著了。所以,我们肯定要去关注。

第二个,怎么去关注这个问题。比如说东北农村也缺燃料,所以有些地方把秸秆做成固体燃料。这个过程也要小心,因为变成固体燃料硬化以后,体积虽然压缩了,但可能会加入其他添加剂。可能秸秆本身没事,但一加添加剂就产生别的污染物了。怎么烧也有很多做法。我最近看到一些文章介绍,像欧洲、美国和北美其他一些地方,科学烧秸秆,由气象部门预报。比如说,今天扩散条件比较好,大家烧一点儿没事儿;明天扩散条件不好,就不要烧。科学焚烧,在某种程度上也是充分利用大气容量。

⏵ **主编按语**

王金南院士的报告主要讲了三个方面的问题。第一,介绍了习近平生态文明思想的发展过程和内涵,阐明了习近平生态文明思想不是偶然的、即时性的想法,而是长期的思想过程。第二,讲解了要准确认识生态环境保护的"三期叠加"特征。第三,分析了打好污染防治攻坚战的目标、思路和任务。他的报告内容非常丰富,准备的 PPT 文件有 200 多页。他所提出的一些问题值得我们思考。比如把 GEP 作为未来衡量社会进步的标准,给 GEP 增加一些 GDP 的因素,或者说把 GDP 科学的因素放到 GEP 里来考察,甚至提出未来可能还有GEEP(经济生态生产总值),这可能是 21 世纪社会发展、工业化发展或者新的文明发展的一个标准。这很有启发性。

人类追求的最终目标是美好生活。王院士的报告启示我们，生态文明一定要渗透深切的人文情怀，而且要善于从马克思主义的高度来认识生态问题。

这场讲座把专业性和通俗性、科学性和政治性有机结合起来，给人以深刻的思考和启示。

附录：本书收入的报告举办时间

谢春涛：《全面从严治党为什么能取得实效》，2019 年 5 月 18 日。

任贤良：《网络如何强国》，2017 年 11 月 25 日。

徐显明：《中国的法治道路怎么走》，2018 年 9 月 29 日。

冯俊：《新中国 70 多年中国共产党实现了哪些理论创新》，2019 年 9 月 15 日。

于鸿君：《北大人的初心使命》，2019 年 10 月 27 日。

王金南：《科学认识"三期叠加"特征，坚决打好打赢污染防治攻坚战》，2019 年 4 月 6 日。